Albrecht Baehr

Humor aus Schlesien

Witziges und Spritziges

aus Nieder- und Oberschlesien

Husum

Umschlagbild von Georg Vogl, Kolorierung von Isa Dietrich

Die Deutsche Bibliothek – CIP-Einheitsaufnahme

Humor aus Schlesien : Witziges und Spritziges aus Nieder- und
Oberschlesien / ges. und hrsg. von Albrecht Baehr. – 2. Aufl. – Husum :
Husum, 1998
  (Husum-Taschenbuch)
  ISBN 3-88042-723-2
NE: Baehr, Albrecht [Hrsg.]

2. Auflage 1998

© 1995 by Husum Druck- und Verlagsgesellschaft mbH u. Co. KG,
  Husum

Satz: Fotosatz Husum GmbH
Druck und Verarbeitung: Husum Druck- und Verlagsgesellschaft
Postfach 1480, D-25804 Husum

ISBN 3-88042-723-2

Vorwort

Der Humor der Schlesier läuft in Richtung Mutterwitz, ist also ungekünstelt und ganz natürlichen Ursprungs (ohne Zutaten). Wer die Schlesier durch die Fernbrille genauer betrachtet, der wird bald viele kleine Unterschiede feststellen, die hier deutlich in Erscheinung treten sollen.

Er sieht ein bunt gemischtes Völkchen, wobei als Typen die Breslauer Lergen ebenso ins Licht der Öffentlichkeit treten wie die oberschlesischen Witzbolde Antek und Franzek oder die Glatzer Natzla von

„uba druba, wu die gruße Pilza wachsa".

Auch die „Neiderländer" (von jenseits der Oder) geben sich hier ein Stelldichein und natürlich auch die Oberlausitzer, die heute noch im Raum um Görlitz daheim sein dürfen.

Alle Beiträge kommen bunt gemischt wie beim Kartenspiel an die Reihe, so daß zum Beispiel die berühmte schlesische Nachtigall, das Genie unfreiwilliger Komik, Friederike Kempner, ohne Übergang neben dem Nupper Hermoan auftritt, und auch die schlesischen Barockdichter stehen nicht im Abseits.

Bei den Autoren wurde an dieser Methode festgehalten, wobei ich versucht habe, die zum Teil mundartlichen Urtexte für den heutigen Leser verständlich zu machen. Es wird dort frisch und frei nacherzählt, wie zum Beispiel bei Max Heinzel oder Robert Rössler, denen ihre Heimatstädte sogar Denkmäler gesetzt haben:

„Wie ei Brassel (Breslau) stieht der Holtei,
Wie ein Zota (Zobten) Rößler stieht,
Stieht jetzund ei Schweinz (Schweidnitz) Max Heinzel
Als a schlä'scher Dichterschmied."

In diesem Sinne serviere ich Ihnen also eine leicht bekömmliche Mischung „Kraut und Rüben" auf schlesische Art.

Vielleicht trinken Sie danach zur besseren Verdauung eine „Kroatzbeere" (Brombeerlikör) oder Sie nehmen einen „Stonsdorfer" zu sich oder gar einen „Klosterbitter", falls Ihre (schwarze) Seele danach dürstet.

Sie können aber auch einen „Wünschelburger Korn" einbeziehen nach dem Motto:

„Hast du einen Zorn, trink' ein' Wünschelburger Korn."

Breslauer Biere vor- und nachher kann ich kühlstens empfehlen, die gewünschte Marke entnehmen Sie bitte dem Dialog auf Seite 28.

Wenn Sie nun, angeregt durch dieses Büchlein, die eine oder andere Geschichte weitergeben, dann vergessen Sie bitte nicht, den „Usinger", den Schlesier, als Quelle anzugeben; denn es wäre doch jammerschade, wenn dieses liebenswürdige Wesen mit seinen vielen Facetten in Vergessenheit geriete, genauso wie *sein zehnfach interessantes Land"* (Goethe).

Ja, das wär's zunächst, guten Appetit also bei diesem heimatlichen Menü – wohl bekomm's!

Ihr
Albrecht Baehr

Prolog

Im unterirdischen Reiche
Sitzt Berggeist Rübezahl.
Er tut stets nur das gleiche:
Er grüßt Euch tausendmal!

Grußwort bei der Eröffnung des Johannisfestes
in Breslau im Jahr 1932

Wilhelm Busch war vor etwa 110 Jahren, und zwar genau am 30. September 1882, auf der Schneekoppe. Anläßlich dieses Aufstieges schrieb er in das Fremdenbuch des Koppenwirtes:

Dieses ist ein alter Spruch:
Mensch, hast Du des Gelds genug,
Dann ist gut es Dir und nütze,
Daß Du nicht auf Deinem Sitze
In der Heimat kleben bleibst
Und die Zeit mit Skat vertreibst!
Einmal kann es Dir nicht schaden,
Wenn Du Deine werten Waden
Durch das Steigen auf und nieder
Fester machst – und dann auch wieder
Wenn Dein Sinn nicht ganz gesunken,
Siehst die Welt Du feuertrunken,
Und die ganze Herrlichkeit
Macht die Brust Dir froh und weit!
Dieses alles zwar erwägend,
Doch nicht lange überlegend,
Füllte ich das Portemonnaie
Und bestieg die steile Höh! –
Ach, wie schön ist's und erlabend,
Wenn man sich am frohen Abend
Nach des Tages schweren Werken
Durch Gesang und Wein kann stärken! –
So hatt' ich's mir ausgedacht,
Ja – prost Mahlzeit – gute Nacht!
Nebel war am ganzen Tage,
Und der Aufstieg eine Plage,
Und bei dieser schweren Zeit
Wächst mit Macht die Durstigkeit!
Hier nun auf der höchsten Spitzen
Preußens wollt' acht Tag' ich sitzen,
Ungestört hier aus dem Himmel
Schau'n aufs wirre Weltgetümmel;
Eine Friedenspfeife rauchen

Und kein Schreibzeug mehr gebrauchen,
Oben dacht' ich, hast Du Ruh' –
Schrumm – schließt der Wirt die Bude zu.

Rangordnung

Amtsgehilfe:	weiß alles
Sekretär:	weiß alles besser
Obersekretär:	will alles besser wissen
Hauptsekretär:	kann lesen
Inspektor:	kann schreiben
Oberinspektor:	kann schreiben und lesen
Amtmann:	weiß, wer lesen und schreiben kann
Amtsrat:	weiß, wo alles liegt
Oberamtsrat:	weiß, wo alles steht
Regierungsrat:	glaubt, alles zu wissen
Oberregierungsrat:	weiß nicht, wo alles liegt oder steht
Regierungsdirektor:	sollte alles wissen, weiß aber von nichts
Präsident:	weiß (fast) alles, sagt aber nichts
Oberpräsident:	braucht nichts zu wissen, fragt Amtsgehilfen
Amtsgehilfe:	weiß alles (weiter siehe oben)

(nachempfunden von Albrecht Baehr)

Beim Notar

Ein Programmgestalter außer Diensten, dessen Wiege in Breslau stand, geht in Münsigen auf der Schwäbischen Alb zum Notar.

Dort wird er nach seinem Beruf gefragt.

Er gibt zur Antwort: „Pensionär!"
Notar: „Ein schöner Beruf!"
Pensionär: „Ja, aber mit einer langen Ausbildung."–

Ganz einfach

Im Religionsunterricht fragt der Lehrer:

> „Was mußt du tun beizeiten,
> um durch die enge Pforte
> des Himmels zu schreiten?"

Da meldet sich das Fritzla und meent:

> „Ich weiß den Weg, um sich den
> Himmel zu erwerben, Herr Lehrer,
> doo muß man vorher sterben!"

(frei nach Robert Sabel)

Höflichkeit und Takt

„Antek, was is Unterschied zwischen Heflichkeit und Takt?"

„Hab ich erläbt vorigen Montag. Komm ich mit Liste in Villa von Bergrat. Kein Mensch da. Ich durch alle Zimmer und zuletzt in Badestube. Steht Frau Bergrat mit ohne alles und hält sich Hände erschrocken vor Gesicht.

Ich sähr erschrocken, sofort raus und brille von Fluhr: ,Verzeihung, Härr Bergrat!'

Siehstu, daß ich hab mich entschuldigt, war Heflichkeit.

Daß ich aber hab gebrillt ,Herr Bergrat' – das war Takt!"

Weiber-Zanck

Weiberhändel, die wie bräuchlich unter ihnen stehts
                                    entstehn,
Pflegen endlich auf ein sagen und auf nichts mehr
                                    einzugehn:

Jene sagte dieses neulich / und es sagte jenes die.
Dieses hat sie nicht gesaget / jene sagte solches nie.
Eine sagte / das da sagte diese / jene sagte das /
Nein sie sagte / daß sie sagte dieses nicht / nur sonsten
                                    was. –

Auch ich weiß wohl was sie sagte / weil sie / sagt ihr / sagen
                                    nicht
Was sie sagte / will ich sagen / was sie sagte frey ans Licht;
Eh sie sagte, was ich sagte / eh ich sagte, sagt sie vor /
Sagt nur, daß sie solle sagen / was sie sagte mir ins Ohr. –

(Andreas Gryphius)

Wunschlos glücklich

Die Schlesier wünschen sich:
„Kurze Predigten und lange Bratwürste!"

(Volksmund)

Am Fahrkartenschalter

Antek: „Bitte Fahrkarte nach Oppeln!"
Beamte: „Worüber?"
Antek: „Nu, über die Feiertage!"

Alles mit Maß

Antek und Franzek haben Lohnzahlung bekommen, nun stehen sie an der Theke und trinken ein, zwei . . . na ja, schließlich sind es acht Bier und einige Schnäpse.

Der diensteifrige Ober versucht die Stehenden zum Sitzen einzuladen und ihnen einen Tisch anzuweisen, worauf Antek voller Entrüstung erklärt:

„Wir wollen hier doch keine Sauferei anfangen!"

Schmuggler

Antek und Franzek waren nach dem 1. Weltkrieg von einer unbezähmbaren Schmuggelleidenschaft erfaßt und beschlossen, sich in eine Kuhhaut einzunähen, um als harmloses Rindvieh über die Grenze zu pilgern.

Antek hinten, Franzek vorne. Im Bauche der Kuh die Schmuggelware. Los geht's!

Antek: „Franzek, lauf, lauf!"
Franzek: „Was is?"
Antek: „Ich sag', lauf!"
Franzek: „Was is? Kommt Grenzer?"
Antek: „Nein, Bulle!"

Die Schuldfrage

Der Herr Pastor in Zobten am Berge beschwört seinen sonst so zuverlässigen Totengräber, doch endlich mit dem Saufen aufzuhören:

„Wer ist schuld an deinem ganzen Unglück, der Alkohol, nur der Alkohol!" –

„Sehn' Sie, Herr Pfarrer, Sie sind der einzige, der mich versteht, alle anderen sagen immer, *ich* sei schuld."

(frei nach Hans Rössler)

Die Kinderstube im vierten Stock

Liesel hat einen heimlichen Freund, sie ist schließlich schon siebzehn Jahre alt . . . Den Eltern ist das natürlich nicht verborgen geblieben, und sie wollen gerne wissen, was das so für ein Umgang sei . . .

Mutter: „Wie heißt er denn eigentlich?"
Liesel: „Nu, Josef Bituschke . . ."
Mutter: „. . . und kommt er denn aus gutem Hause?"
Liesel: „Ja, er wohnt auf der Schenkestraße (berüchtigt wegen ihrer einfachen Bewohner).
Mutter: „Ich meine, aus gutem Hause?"
Liesel: „Ja, aber das Haus sieht sehr altmodisch aus . . ."
Mutter: „Hat er denn eine gute Kinderstube?"
Liesel: „Eine Kinderstube hat er nicht, er schläft im Wohnzimmer auf dem Sofa!"

Schlaumeyer

Ein Schupo erwischt auf der morgendlichen Streife durch Kletschkau in Breslau einen Einbrecher.

Dieser läuft davon, der Schupo hinterher. Weil sich der Abstand gar nicht verringert, ruft der Gesetzeshüter mehrmals:

„Bleiben Sie stehen! Bleiben Sie stehen!"

Schließlich dreht sich der Verfolgte um und ruft zurück:

„Bleiben Sie doch stehen! Ihnen jagt doch keener!"

(Ferdinand Rosner)

Anglerlatein

Breslau war bekannt für seine vielen Angler.

Eines schönen Abends trifft ein Kumpel einen solchen Angler auf der Kaiserbrücke, dabei entspinnt sich das folgende Gespräch:

Kumpel: „Wo kommst du denn her?"
Angler: „Nu, ich war angeln!"
Kumpel: „Was haste denn geangelt?"
Angler: „Nu, Hechte!"
Kumpel: „Haste denn viele?"
Angler: „Nee, heute keene…"
Kumpel: „Woher weeste denn dann, daß de heute Hechte geangelt hast?"

(frei nach Peukert)

Wahre Liebe

Der Buhlfleischer aus Nasselwitz war ein närrischer Mann, der mit seinem Eheweib zeitlebens im Streit lebte.

Schließlich lag er auf dem Sterbebett und rief seine Frau zu sich:

„Gelt, Emma, wenn ich gestorben bin, dann wirst du doch gleich wieder heiraten?"

„Das weiß ich jetzt noch nicht." –

„Aber wenn du doch heiratest, dann versprich mir hoch und heilig, daß du nur den Hübner Paule nimmst." –

„Aber Mann, wie kommste denn gerade auf den Hübner, das ist doch schon immer dein Todfeind, dem du nichts Gutes gönnst." –

„Eben deswegen",

meinte der Buhlfleischer und verstarb.

(frei nach Hans Rössler)

Eilt sehr

Gast: „Herr Ober, was empfehlen Sie mir zu essen?
Ich muß nämlich dringend weg!"
Ober: „Ich empfehle Rinderbraten, der muß nämlich
auch dringend weg."

Der tapfere Ehemann

Da sitzen sie also wieder mal, so ein paar Kerle um den Stammtisch, und hänseln den Krause Schuster, der vor seiner Alten mächtig „Schiß" hat. Sagt der eine:
„Als ich neulich bei dir vorbeikam, da haste ja mal wieder ganz schön die Hosen voll gehabt und dich unterm Tisch verkrochen."
Darauf der Krause:
„Aber da hättest du mal sehen sollen, wie frech ich gekuckt habe."

Guten Appetit

Der alte Zenker Paul aus Herzogswaldau hatte bei der Kirmes wieder einmal kräftig zugelangt.
Wellfleesch und zwölf Wellwürschte hatte er in kurzer Zeit verdrückt, danach verabschiedete er sich von seinem Tischnachbarn mit den bedeutungsvollen Worten:
„Ich muß mich jetzt schnell auf heemzu macha, die werda mit dem Mittagassa auf mich warta."

(nach Peuckert)

Zucker

Trifft einer aus Zobten einen armen Häusler aus Gorkau auf dem Markt, als er gerade mit verbundenem Kopf aus einer Arztpraxis herauskommt:

Häusler: „Nu, Josef, wie geht's dir? Was hast du?"
Gorkauer: „Mir gieht's gutt, ich hoa Zucker!"

Auch sind alle Misthaufen am Wege schön aufzurichten . . .

Wie die Glatzer ihren König empfingen

DEKRET

Hiermit wird allen treuen Inwohnern kund und zu wissen getan, daß am Sonntag, dem 3. September in Glatz auf der Festung in allerhöchstem Auftrage seiner Kgl. Majestät Friedrich II. eine Truppen-Revue von Infanterie und Kavallerie der Garnison Glatz abgehalten wird.

Auch soll die Barberina (des Königs berühmte Lieblingstänzerin) mit dem Kgl. Hofballett dem Volke ihre große Kunst allhier zeigen. Die Stadtobrigkeit ladet daher zum Einzug Seiner Majestät um 11 Uhr mit freundlichen Grüßen und biederem Handschlag ein.

Es soll jeder mit seiner noblichten Verwandtschaft aus Stadt und Land erscheinen. Es komme aber keiner barfüßig, sondern alle fein beschuht und im allerschönsten Kram. Wer noch schönen alten Kram aus Großvaters Zeiten zeigen kann, wird dem König vorgestellt und öffentlich belohnet.

Alle Straßen, auch die der Vorwerke sind gut vom Drecke reinzukehren. Auch sind alle Misthaufen am Wege schön aufzurichten, damit alles ein ansehnliches Wesen krieget.

Stänker, Nörgler und ungeschliffene Halbschädel bleiben zu Hause und dürfen nicht mittun.

Nach der Revue ist in allen Kneipen, Hotels und Restaurants Betrieb. Wer das Bezahlen vergißt, mit verdrossenem Gesicht einherstolzieret, sich besaufet, zu viel prasset oder Völlerei treibet, oder mit der Eheliebsten Krach anfängt, oder gar die sitt- und tugendsamen Jungfrauen ärgert, umgekehrt, die jungen Mannsleut und Soldaten durch zu viel Scharmuzieren der Weibsleut verführet, wird an Ort und Stelle streng bestrafet und kommt zum Brummen ins Spritzenhaus.

Ihr seyd alle eingeladen und gewarnet, nehmt euch in acht!

Gegeben zu Glatz am 15. August ano 1763

Ein Hoher Rath der Stadt Glatz

Treibergeschichten vom Menzel-Wilhelm

Im Walde gibt's zweierlei Sorten von Menschen: Treiber und Schützen, und bei den Schützen gibt es wiederum zweierlei Sorten, richtige und falsche. Die falschen nennt man Sonntagsjäger.

Bei einer Treibjagd stand so einer nur zehn Schritte vom Nupper Hermann entfernt. Ein Hase kam angehoppelt, der Sonntagsjäger zielte, schoß, doch der Hase lief ruhig weiter. Darauf der Hermann zu dem Sonntagsjäger:

„Schissa Se ock noch amol, dar wird's nich' gehiert hoan!"

Schmerzensgeld

Hermann war auch ein guter Schütze. Eines Tages hat er bei der Treibjagd aber aus Versehen einen Treiber mit ein paar Schrotkugeln getroffen, so daß dieser aufschrie und Schmerzensgeld haben wollte, darauf der Hermann:
„Komm' doch nicht mit, wenn de nischt aushältst!" –

Die armen Treiber ...

... wußten nach so mancher Jagd ein Liedlein von ihren Leiden zu singen:
„Treiba mirsch, hoots nischt hinne,
hoots woas hinne, kimmts nich raus,
kimmts raus, sahn se's nicht
sahn se's, schissa se's nicht
schissa se, treffa se's nicht
treffa se – sein miersch!"

Das böse Bein
oder die kranke Knoche

Hermann lag im Krankenhaus, er hatte sich das Bein gebrochen, war auf dem Wege der Besserung und sollte deshalb eines Tages massiert werden.

Der Masseur griff ihm „tüchtig ei de Seita", aber der Hermann verzog keine Miene, obwohl er doch große Schmerzen hätte haben müssen, wie sein Leidensgefährte im Nachbarbett auch gerade erst. Als dann der Masseur weg war, fragte ihn der Nachbar:

„Sagen Sie mal, wie halten Sie denn das aus, Sie müssen ja eiserne Nerven haben?"

Darauf der Hermann:

„Meena Sie, ich hab' ihm die kranke Knoche hingestreckt?"

Der unbekannte Soldat

Antek und Franzek stehen auf einer Ferienreise in Paris vor dem Denkmal des unbekannten Soldaten. Plötzlich fängt Antek schrecklich an zu weinen.

„Antek, warum weinste?"

„Weil ich endlich meinen Vater sehe."

„Wieso denn das?"

„Immer, wenn ich meine Mutter fragte, wer eigentlich mein Vater war, sagte sie:

„Ein unbekannter Soldat."

Der militärische Gruß

Auf dem Kasernenhof schreit der Unteroffizier den Rekruten Franzek an:

„Warum grüßen Sie mich nicht?"

Die Antwort:

„Weiß doch nicht von wem!"

Wem gehört der Kopf?

Antek war tagelang verschwunden. Als ihn sein Kumpel Franzek wiedertrifft, fragt er ihn, wo er die ganze Zeit gewesen sei:

„War ich in Gefängnis."
„Warum denn das?"
„Weil . . . hab' ich Kopf an Wand geschlagen."
„Da kommt man doch nicht gleich in Gefängnis!"
„War nicht mein Kopf."

Wittiben (Witwen)

Wer sich an sein Schienbein stößet,
der hat große kurze Schmerzen:
Witwen, welchen Männer sterben
fühlen gleiches in dem Herzen.

(Andreas Gryphius)

Echte Harmonie

Fehlt dir, o Mensch, die Harmonie in deinem Innenleben,
So wird dich eine *Symphonie* zu reinen Sphären heben:
Aus Sauerkraut bestehet sie und –
auch aus Schweinehaxen, rosig runden.
Und war dein Herze noch so wund,
es wird sogleich gesunden!

(Otto Julius Bierbaum)

Warnung

Der, der den anzeigt,
der den Pfahl, auf dem steht,
daß der, der etwas in den Teich schmeißt,
einen Taler Strafe zahlen soll,
ins Wasser warf,
der erhält fünf Gulden Belohnung
aus der Stadtkasse!

(Max Heinzel)

Stoßgebet eines Verliebten

Amanda, liebstes Kind,
Du Brustlatz kalter Herzen,
Der Liebe Feuerzeug,
Goldschachtel edler Zier,
Der Seufzer Blasebalg,
des Trauerns Löschpapier,
Sandbüchse meiner Pein
und Baumöl meiner Schmerzen,
Du Speise meiner Lust,
Du Flamme meiner Kerzen.

Du Meisterin zu scherzen,
Der Tugend Quodlibet,
Calender meiner Zeit,
Du Andachtsfackelgen,
Du Quell der Fröhlichkeit,
Der Jungen Honigseim,
Des Herzens Marcipan,
Und wie man sonsten Dich,
mein Kind, beschreiben kann.

(Daniel Casper von Lohenstein 1635–1683)

Spott und Loblied auf den Grünberger Wein, auch als Kostprobe gedacht

Laß ihn nicht deine Wahl sein!
Gegen ihn ist der Saalwein
Noch viel süßer als Zucker.
Er ist ein Wein für Mucker.
Für die schlechtesten Dichter
Und dergleichen Gelichter.
Er macht lang die Gesichter,
Blaß die Wangen; wie Rasen
So grün färbt er die Nasen.
Wer ihn trinkt, den durchschauert es,
Wer ihn trank, der bedauert es.
Er hat so etwas versauertes,
Das es sich nicht läßt mildern,
Und nur schwer ist zu schildern
In Worten und in Bildern.

(Johannes Trojan)

Dieser Wein lädt wegen seiner Säure in Schlesien zu besonderem Spott ein.

Ratschlag

Viel Essen macht nur breit
und hilft zum Himmel nicht.
Es kracht die Himmelsleiter,
kommt so ein schwerer Wicht.

Das Trinken ist gescheiter,
das schmeckt schon nach Idee,
da braucht man keine Leiter,
das geht gleich in die Höh.

(Joseph Freiherr von Eichendorff)

Lausitzisch

Da kommt einmal die alte Schirmeln, die Botenfrau aus Walterswalde, in die Drogerie, um etwas zum Einreiben zu kaufen. Der junge Mann bittet sie höflich, Platz zu nehmen, und fängt dann an, das Zeug für sie zurechtzumachen.

Mittlerweile kommt eine Stadtfrau und verlangt Fliegenpulver. Sie kriegt's und geht ihrer Wege. Die Schirmeln aber rutscht auf ihrem Platze hin und her, bis ihr's doch keine Ruh' läßt und sie zu dem Drogisten spricht:

„Ich muß amoal recht dumm froin: Woas wullt glei die Froo?"

„Nu, Fliegenpulver."

Die Schirmeln blickt erst eine Zeitlang wie erstarrt, dann aber schüttelt sie den Kopf und meint:

„Uf woas de Leut' heute so alles kommen! Wenn bei uns de Fliegen nie doas frassen, woas groad rimliegt, extra fittern tun mer se nicht."

Ohne Umstände

Nupper Hermann war längere Zeit krank und mußte das Bett hüten. Als er wieder laufen konnte, machte er einen Ausflug in die naheliegende Kleinstadt und sah sich dort die Geschäfte an.

Eine Drogerie erregte seine besondere Aufmerksamkeit. Nach einigem Zögern betrat er das Geschäft:

„Was soll's denn sein?" fragte die Verkäuferin.

„Nu, ich mechte awing Insektenpulver, suste nischte nicht!"

„Bitte sehr, darf ich Ihnen das Pulver gleich einpacken?"

„Nee, nee, machen Se sick ock keene Umstände, schütta Se's ock glei hinga ei die Jacke nei!"

(nach Menzel-Wilhelm)

Erntezeit

Ein Sommerfrischler aus Berlin kommt mit einem schlesischen Bäuerlein ins Gespräch:

Berliner: „Na, guter Mann, Sie haben ja viel zu tun, bis es so langsam Feierabend wird?"

Bauer: „Arbeit, nischt wie Arbeit! Erst das Heu, dann das Hauen und jetzt geht auch schon die Ernte los, dann wird immer bis spät in die Nacht geschuftet."

Berliner: „Sie sehen ja auch schon ganz elend aus, guter Mann. Wie lange geht denn das schon?"

Bauer: „Nu, murne fang' ich an damiete (Morgen, da fange ich damit an)."

Das Krippenbild

Die Mutter zeigt ihrem Söhnchen während der Weihnachtszeit ein Foto, auf dem das armselige Jesuskind unbekleidet in der Krippe liegt, und erklärt dazu:

"Das Bildle zeigt dir, wie schlecht es den heiligen Leuten ging."

Darauf der Junge:

"Wäßte, Mutter, doas ies woll doch der rännste Hohn: Doß sella batteloarme Leute sich aa nooch fotografiean loon!"

(frei nach Georg Hartmann)

Frommer Wunsch

Der Volker-Franze aus einem kleinen Dorf in der Grafschaft Glatz war als braver Zecher bekannt. Bis spät in die Nacht hielt er es bei manchem Schnaps (vor dem Schnaps einen Schnaps, und nach dem Schnaps einen Schnaps) mühelos aus . . .

Als es eines schönen Tages bei dieser Schwerarbeit plötzlich zwei Uhr schlug, fuhr ihm bei dem Gedanken an die Gardinenpredigt seiner Frau ein Riesenschreck in die Glieder. Er suchte seine Siebensachen (sein Mützla und sein Steckla) zusammen und brummte:

"Ich wenscht (wünschte), ich wär' schon daheeme (zu Hause), und meine Aale (Alte) hätt' schunt geredt!"

(frei nach Georg Hartmann)

Der reumütige Sünder

Der Lux-Franze aus der Grafschaft Glatz war ein kreuzbraver Mann, der sich jedoch beim besten Willen das Fluchen nicht abgewöhnen konnte.

Hochwürden redete ihm nach der Beichte deshalb eindringlich ins Gewissen. Daraufhin flüstert unser Lux ganz treuherzig:

„Gewiß Herr Pfarrer, ich tu mich schaama (schämen) und werde gewiß von heute ab mich ganz verflucht zusammnahma!"

(nach Georg Hartmann)

Steigerung

Ein Berliner und ein Breslauer unterhalten sich während einer Bahnfahrt von Breslau nach Liegnitz.

Sagt der Berliner nach einiger Zeit:

„Wissen Sie, Sie können einem ganz schön auf die Nerven gehen, alles war bei Ihnen schöner und besser als anderswo. Im Sommer haben Sie doch genauso sehr geschwitzt wie bei uns?"

Breslauer: „Ja, aber bei uns hat sich's eben besser geschwitzt."

Berliner: „... und im Winter mußten Sie doch genauso sehr frieren."

Breslauer: „Ja, aber bei uns hat sich's eben besser gefroren!"

Berliner: „... aber beim Zahnarzt, da hat's Ihnen doch genauso weh' getan, wie bei uns ..."

Breslauer: „... aber es tat viel schöner weh!"

Sprachschwierigkeiten in Breslau

Besonders dem Niederschlesier fiel es überaus schwer, ein schönes, rundes „u" auszusprechen, deshalb gab es folgenden Spottvers:

„Wer Wirzeln, Wirst und Girken ißt,
das wird ein gitter Tirner!"

Auch ein klangreines „r" fiel ihm schwer, deshalb ging der Satz um:

„Die Mattel watt am Goattazaun
uffa Kuttel mit dar Kuschatotte."

Was auf Hochdeutsch soviel heißt wie:

„Die Martel wartet am Gartenzaun
auf den Kurt mit der Kirschtorte."

Die Breslauer im besonderen hatten Schwierigkeiten mit den Vokalen überhaupt.

Ein Beispiel:

Auf der Selenkestraße, in der Scheitniger Vorstadt, wohnten in den dreißiger Jahren fast nur „Sozis oder Leute von der Kommune". Spielt dort die kleine Lerge Fritzla auf der Straße und schreit zu ihrer Mutter, die im 5. Stock wohnt, rauf:

„Mutta, schmeiß amoal die Axt und da rota Binder runter, dar Voater will in die Versommlung giehn!"

Es gab dort auch noch eine Version, die dann sogar für die Berliner Gören verwendet wurde:

„Mutta, guck amoal zum Fenster naus, der Paule will nicht glooben, daß de schielst."

Die richtige Reihenfolge

Um Mitternacht donnert es am Fenster vom Scholze-Paule, der auch gelegentlich bei der freiwilligen Feuerwehr aushilft.

„Scholze, Scholze, komm' ock bale (bald), beim Scheßler Franze hat's Feuer!" –

Darauf der Scholze-Paule in aller Ruhe:

„Nee, nee, ich kumm' noch nicht, ich muß erst warta, bis se bloasa!"

(frei nach Georg Hartmann)

Breslauer Biere

„Herr Ober – ein Bier bitte!"

„Dunkles oder helles?"

„Helles!"

„Haase oder Engelhardt?"

„Haase!"

„Ein großes oder genügt ein kleines?"

„Ein großes natürlich!"

„Haase-Bier schenken wir aber bloß in kleinen Gläsern aus."

„Dann bringen Sie mir halt ein kleines!"

„Ein kleines Dunkles?"

„Nein, Mann, ein kleines Helles!"

„Sie wollten doch Haase-Bier?"

„Ja, ein helles Haase!"

„Wir haben aber bloß dunkles Haase, die hellen sind von Engelhardt!"

„Das ist ja zum Verrücktwerden, dann bringen Sie mir einen Schnaps, aber einen doppelten!"

(Verfasser unbekannt)

Abstinenz

Ich koam zu menner Wirtin gerannt,
'ne Kognakflasche ei der Hand.
„Frau Krause!" rief ich, „es ist einfach doll!
Gestern war diese Flasche noch voll!
Und heut, Frau Krause, gucken Sie her!
Heut ist sie leer!
Die hat jemand ausgesoffen, ganz klar!
Haben Sie'n Ahnung, wer das war?"

„Doas woar ich", meente de Frau Krause.
„Ich dulde keinen Alkohol in meinem Hause!"

(Hans Rössler)

Die folgenden zehn Gedichte stammen aus der Feder von Friederike Kempner (1836–1904), dem Genie der unfreiwilligen Komik, die auch der „Schlesische Schwan" genannt wurde.

So oft ich jetzt auch schiffe

Laß uns wandern, laß uns schiffen
Nach dem Thuleland geschwind,
Fürchten nichts von schwarzen Riffen
Und von bösem Sturm und Wind!

Nächtige Gestade dämmern,
Pfeift der Wind auch kalt und hohl,
Uns're Herzen freudig hämmern,
Fühlt man sich nicht wohl, ja wohl?

Stolz erhobne Zwerge stehen
Längs der Küste ganz und gar,
Doch wir freundlich sie ansehen
Durch ein trautes Augenpaar.

Und so oft ich jetzt auch schiffe,
Doch ich nimmer wiederfand
Meinen Weg durch Sturm und Riffe
Nach dem fernen Thuleland.

Der Mensch

Wehmüthig,
Dehmüthig,
Viel verkannt und tief gebeugt
ist der Mensch, vom Weib erzeugt.

Die nicht

Gehabt euch wohl, Gott segne euch,
Euch all im Sonnenlicht,
Dich, Vöglein, Röslein, Immergrün –
Doch Dornen und die Würmer nicht!

Im Süden

Der Himmel so blau,
Die Erde so grün,
O laß uns ein wenig

Nach Süden hin ziehn!
Dort decken die Blüten
Dir freundlich den Tisch,
Dort blühet die Myrthe,
Orangen sind frisch!

Verdruß

Täubchen, immer froh
Bist du, niemals roh,
Frag ich mich da still,
Ob's der Mensch auch will?

Liebes Täubchen hold,
Du bist treu wie Gold,
Doch mir macht Verdruß,
Daß der Mensch oft muß!

Kein süßer Duft

Ach, ihr bauet eine Kluft
Zwischen euch und der Natur,
Ach, ihr bauet eure Gruft,
Eine Morphium-Mixtur!

Sperrt euch ein in große Städte,
Atmet ein die dicke Luft –
Was ein and'rer ausgeatmet,
Nein, das ist kein süßer Duft!

Empörend

Auch der Winter ist voll Reiz,
Denn dann schneit's!
Schneeball werfen sich die Kinder,
Und die Luft wär viel gesünder –
Doch statt dem, wenn jemand friert,
Trinkt er Kornschnaps ungeniert!

Indisches

Im Gebüsch gestreckt
Ruhet Hindu faul,
Gift'ge Schlange leckt
Gierig sich das Maul.

Nimmt erst Anlauf dann,
Springt auf Hindu ein,
Schlägt dem armen Mann
Giftzahn ins Gebein.

Hindu fliehen will –
Glieder sind verkrampft –
Bet't zu Buddha still
Und verscheidet sanft.

Klar

Eins ist mir klar zu jeder Frist:
Das Leben ist so, wie es ist!
Denn selbst, wenn's würde anders sein
Stimmt's mit sich selber überein,
So daß man dann auch sagen müßt:
Das Leben ist so wie es ist.

Der Totenwurm

Während dort der Wolkensturm
über Meer und Länder fährt,
Pickt ganz leis der Totenwurm –
Wer ihn wohl das Picken lehrt...?

Furgoll im Himmel

Eines schönen Tages kam der oberschlesische Schlepper Furgoll in den Himmel.

Dort oben herrschte ein Treiben wie auf dem Jahrmarkte. In Saal Nr. 38 waren lauter Milchhändler, die mußten zur Strafe die Milchstraße fegen und den Steinbock melken.

Dann kam ich zu Saal 96. Da waren drinne: Schlepper, Gustlikes, Schnapssokes, Betriebsraten und andere Markenkleber. Saal voll von Pressowka und Luft wie in Affenhaus.

Wie mir alle sehen, da schont rufen Furgoll aus Gleiwitz Hallelujah. Grieß Gott, wie geht's?

Na gutt, sag ich. Dann ich kriegen Posten auf Verdampfheizung. Geheizt wird mit deutschem Inflationsgeld, alte Sparkassenbicher, Kriegsanleihen, Pech und Schwefel. Für meine schweren Sinden muß ich drehen jeden Tag früh eine Stunde Erdachse, nachmittags eine Stunde Himmelsgewelbe streichen. Hat viel Spaß gemacht. Für gute Führung war ich bald auf lebenslenglich angestellt.

(frei nach Josef Kusber, mitgeteilt von Herbert Dronia)

In der dritten Person

Im Breslauer Hochadel wurde natürlich darauf geachtet, daß das Personal sich vornehm ausdrückte und die Herrschaften in der dritten Person ansprach.

Das verlangte auch die edle Gräfin Muckepuck von ihrer neuen Kammerzofe, die kürzlich vom Dorf in die Stadt gekommen war und die vor ihrer Herrin in Ehrfurcht fast erstarb.

Als die Gräfin eines Tages in Ohnmacht sank, da konnte die Zofe nur hauchen:

„Ach, kommen doch Frau Gräfin wieder zu Frau Gräfin . . ."

(nach Bernd Brain)

Feines Benehmen

Zum Beispiel: bei den Krausen heute
(Krausens fühln' sich wie feine Leute)
war ich zum Essen eingelodt (eingeladen):

Feine Leute? Du lieber Gott, die sein
bestimmt aus kem feina Hause!
Uff eemal kratzte sich die Frau Krause
mit der Gabel am Hingerkuppe (Hinterkopf)!

Mir blieb – asu tat ich mich erschrecka,
beinahe das Messer im Halse stecka. –

(Hans Rößler)

Die Fleischmaschine

In dem roten Paradiese,
hatt mersch manchmal gar zu biese.
Die SED war mächtig,
Mir warn' ihr verdächtig! –
Und sie hat uns zu guterletzt
noch die Russen auf den Hals gehetzt.
Emoll kam der „Herr Kommandant",
(Ich hätt' a bale nich derkannt,
denn a war ei Zivil und noch nüchtern!)
A fing oan, uns einzuschüchtern
und unter lautem Schimpfa und Flucha
ünse Bude zu durchsucha!
Aus em Schränkla ei der Kabine
zug a zuletzt onne Fleischmaschine,
fer die tat a sich intressiern
und lange dran rümhantiern.
Lange Finger, lange Schriete, –
a noahm se sich zuletzte miete! – – –
A andern Tag, – ich hatte Glücke! –
gab a üns de Maschine zurücke,
a schmiß se üns vor de Füsse und schrie:
    „Chier zurück! Nix Musiik!"

(Hans Rößler)

Letzter Wille

Ein schlesisches Bäuerlein aus der Goldberger Gegend hatte sich beim Schweineschlachten total überfressen, so daß sein letztes Stündlein plötzlich gekommen schien und Hochwürden geholt werden mußte.

Als ihm der Geistliche die letzte Ölung verabreichen wollte, stöhnte er mit letzter Kraft:

„Bitte kein Fett, Hochwürden!"

Was ist das für eine Musik, Paul?

Pauline: Du, Paul, was ist denn da gerade im Radio für ein Musikstück?

Paul: Weiß' ich auch nicht genau, auf alle Fälle etwas Klassisches, vielleicht so eine Art Oratorium.

Pauline: Was ist denn das, Paul, ein Oratorium?

Paul: Das ist doch ganz einfach, ein Oratorium, also, das ist ein ... daß du das nicht selber weißt!

Pauline: Du gibst also zu, daß du es nicht weißt!

Paul: Nichts gebe ich zu, selbstverständlich weiß ich, was ein Oratorium ist. Die Frage selbst bereitet mir keine Schwierigkeiten, lediglich die Antwort. In wenigen Worten gesagt ist das sehr schwierig, bei deiner Vorbildung dazu.

Pauline: Paul, werde nicht anzüglich, sonst ...

Paul: ... ja, ich weiß' schon, sonst gibt's schon wieder Bratkartoffeln.

Pauline: Komm zu Sache!

Paul: Also paß' auf, Oratorium, das ist natürlich lateinisch und Latein ist bekanntlich eine tote Sprache, die deshalb hauptsächlich von Ärzten und Apothekern benutzt wird, damit man nicht versteht, was sie meinen ...

Pauline: verstehe!

Paul: ... und in unserem Falle ist das Ganze mit Musik verbunden, ein geistiges Werk sozusagen, wozu noch eine Schar von Sängern auftritt, eine *Werk*schar gewissermaßen, verstehst du?

Pauline: Sehr gut, aber was singt nun diese Werkschar?

Paul: Was soll sie singen, ein Oratorium natürlich!

Pauline: Aber, wie geht das vor sich? Singen da alle gleichzeitig?

Paul: Abwechselnd natürlich, so wie es in der Partitur steht.

Pauline: Partitur, was ist denn das schon wieder?

Paul: Man hält es nicht für möglich, eine Partitur ist für den Dirigenten, sie dient ihm als „übersichtliche Zusammenstellung aller Stimmen".

Pauline: ... und wo bleibt jetzt mein Oratorium?

Paul: Es ist zum Verzweifeln mit dieser Frau! Also ich will mal ein Beispiel heranziehen, du willst zu mir sagen: „Paul, lieber Mann, gib' mir doch ein bissel Geld für ein Kleid." Das ist natürlich kein Oratorium. Wenn du mir das aber jetzt *singend* sagst ...

Pauline: ... ich höre ...

Paul: „Paul, Paulchen, lieber Mann, liebes Männlein, Männe, bester Mann, gib' mir doch bitte Geld für ein Kleid, oder besser gleich für zwei Kleider, ich brauche Kleider, Kleider, Kleider –" Siehst du, das ist ein Oratorium! –

(Sketch von Ludwig-Manfred Lommel)

Gute Sicht

Der Franze-Pauer, der im Dorfe als besonders eitel gilt, will sich beim Optiker einen „Zwicker" – passend zum Anzug – verordnen lassen.

Der Optiker setzt ihm verschiedene Modelle aus Gold und Silber auf die Nase. Von einem Zwicker in reinem Golde ist der Franze-Pauer ganz begeistert:

„Der sieht prima aus, und ich sehe alles damit, den nehme ich!"

„Moment noch, mein Herr", meint der Optiker, „jetzt müssen wir erst noch die Gläser reinmachen!" –

(frei nach Hermann Bauch)

Salatkartoffeln

Der Herr Oberst reitet mit seinem Burschen über die üppigen Felder in der Nähe der Schweidnitzer Artillerie-Kaserne.

Nach einiger Zeit zeigt der Oberst auf ein wohlbestelltes Feld und sagt majestätisch:

„Salat!" –

Dazu der Bursche untertänigst:

„Gestatten Herr Oberst, Kartoffeln!"

Darauf der Oberst siegesgewohnt:

„Sag' ich doch, Salatkartoffeln!"

Gewußt wo!

Der Herr Oberst trifft den Herrn Major von Kankelwitz aus seinem Regiment auf der Straße des kleinen Garnisonstädtchens:

„Wie geht's, mein lieber Kankelwitz?"

„Ausgezeichnet, Herr Oberst."

„Und der Frau Gemahlin?"

„Gestatten, Herr Oberst, meine Frau ist doch im vorigen Jahr verstorben..."

„Äh, natürlich, ich meine, immer noch auf demselben Friedhof?"

Guten Morgen, Kankelwitz

Treffen sich zwei junge Leutnants auf dem bekannten Sonntagsbummel auf der Schweidnitzer Straße in Breslau. Dabei ergibt sich das folgende Blitzgespräch:

„Guten Morgen, Kankelwitz."

„Guten Morgen, Zitzewitz."
„Gestern abend im Kasino gewesen?"
„Gestern abend im Kasino gewesen! Klar!"
„Sekt?"
„Sekt!"
„Weiber?"
„Weiber!"
„Pferde?"
„Pferde!"
„Guten Morgen, Kankelwitz."
„Guten Morgen, Zitzewitz." –

Von Kankelwitz

Erzählt doch der Kankelwitz eines Tages im Kasino: „Also stellt euch vor, gehe ich doch gestern die Schweidnitzer Straße entlang, vor mir der Zitzewitz. Ich ran und sage:
‚Hallo, Zitzewitz, alter Junge, wie geht's?'
Da dreht der sich um, und da war's der gar nicht. Ham' wir gelacht." –

Verschiedene Laster

In einer Volksschule kam eines schönen Tages das Sprichwort „Müßiggang ist aller Laster Anfang" zur Sprache.
Der Lehrer fragte, was eigentlich Laster zu bedeuten habe.
Langes Schweigen . . .
Endlich meldete sich das Fritzla und meinte:
„Laster, nu, das sein doch die ganz großen Autos!"

Hanns, wo bist du?

Dialog in einem Bauernhaus.

Wo mögen bloß die Knechte wieder stecken?
  Die möchte man stets zur Arbeit wecken:
  „Hans, du Hans, wo bist du denn?“
  „Ich bin auf dem Boden . . .“
  „Was machst du denn dort oben?“
  „Ich mach’ gerade nischt!“
  „Und wo ist denn der Gottfried?“
  „Der ist auch hier oben.“
  „Was macht er denn dort oben?“
  „Der Gottfried?“
  „Ja, der Gottfried.“
  „Er hilft mit a Brinkel“ (etwas).

*(Ins Hochdeutsche übertragen von Albrecht Baehr nach
        einem Dialektgedicht von H. Tschampel)*

Im Kasino

Nach dem gemeinsamen Essen fragt der junge Leutnant
den in Ehren ergrauten Herrn Oberst:
  „Würde es Herrn Oberst stören, wenn ich jetzt rauche?“
  „Weiß ich nicht, mein Lieber, mir noch nicht vorgekommen!“

Faschingsfest der Breslauer Bühnenkünstler im „Konzerthaus"

Die bekannte Operetten-Soubrette von Dr. Loewes Schauspielhaus kredenzt Sekt im Champagner-Zelt. Da erscheint der Landesrat. Die junge Dame begrüßt ihn liebenswürdig:

„Ach, wie schade, Herr Landesrat, daß ich Ihnen keinen Sekt anbieten kann, ich weiß doch, Sie sind im ‚Abstinenzler-Verein'!" –

„Irrtum, mein Fräulein", erwiderte er lächelnd, „ich bin gar nicht im ‚Abstinenzler-Verein', ich bin nur im ‚Verein zur Verhütung des Lasters'!"

„Ach ja", zwitscherte unsere „Adele", „jetzt erinnere ich mich; aber ich wußte doch, daß ich Ihnen irgend etwas nicht anbieten dürfte!"

(Julius Sachs)

Klar

Im zweiten Schuljahr wurde im Anschluß an ein Lesestück über die Berufe der Väter gesprochen. Nachdem eine Reihe von Kindern schon geantwortet hatten, was ihr Vater beruflich war, erklärte die kleine Hedel:

„Mein Vater ist schon gestorben." –

„Ja", sagte die Lehrerin, „was war er denn vorher?"

„Vorher war er lebendig!"

Unklar

Antek und Franzek haben die Nacht durchgezecht und ruhen friedlich in einem Straßengraben bei Königshütte. Da erwacht Antek und ruft seinem Zechkumpel zu:

„Was is, was da scheint? Is Sonne oder Mond?"

Franzek reibt sich die Augen und antwortet:

„Weiß nich, bin hier in der Gegend nich bekannt!"

Schlimm . . .

„Na, Antek, haben uns lange nicht gesehen. Was machstu Scheenes?"

„Ich hab geheiratet." –

„Das ist aber fein!"

„Is nich sehr fein, denn ich hab ein böses Weib erwischt."

„Ach, das is aber schlimm."

„Nich so schlimm, denn sie hat mir ein großes Haus eingebracht."

„No, das is doch fein!"

„Nicht gar so fein, denn was hab ich von dem großen Haus, wenn ich keine Ruhe hab. Dauernd zankt sie mit mir."

„Schlimm, sehr schlimm!"

„Nicht allzusehr, denn bei dem Haus is ein großer, schöner Garten, und wenn sie mir Krach macht, geh ich in den Garten."

„Da hastu's doch fein."

„Gehabt, lieber Freund, gehabt. Denn das Haus is abgebrannt, der Garten und alles."

„Das is doch wirklich schlimm!"

„Halb so schlimm, denn die Alte is mit verbrannt."

Gute Nachbarn

(An Nuppersch Fenster)

Nupper Korle: Nupper Franze, schläft de schunt?
Nupper Franze: Nee, ich ho is Reißa, und do koan ich ni
schlofa.
Nupper Korle: Nu, doas is mer lieb.
Nupper Franze: Doß ich ni schlofa koan?
Nupper Korle: Nee, doß de no munter bist.
Nupper Franze: Ach su!
Nupper Korle: Könnt'st mer amool 'n Toaler burga,
Nupper Franze?
Nupper Franze: Nee.
Nupper Korle: Warum denn nich?
Nupper Franze: Nu, ich schlofe schunt.

Klare Auskunft

Nach einem schweren Unfall mußte der Nupper Hermonn eines schönen Tages ins Krankenhaus gebracht werden, er hatte sich das Bein verstaucht.

Als am nächsten Morgen der Chefarzt zur Visite kam und sich den Fall besehen wollte, – das Bein war ganz hübsch geschwoll'n –, sagte der Doktor zu Hermonn:

„Sagen Sie mal, guter Mann, Sie kommen mir so bekannt vor, habe ich nicht im vorigen Jahr Ihre Gattin behandelt, die dann gestorben ist?"

„Das ist unmeeglich, Herr Dukkter, nee, nee, die is an natürlicha Tuud gestorba!"

(Menzel-Wilhelm)

Fromme Wünsche

Nee, es ist verrückt bestellt,
hier auf dieser Erdenwelt;
Man plagt sich, wie ein Droschkenpferd,
bloß daß man seinen Leib ernährt.
Der Reiche läuft spazieren,
und ich muß schusterieren.
„Ich wünschte mir, ich wäre tot,
und läg' bei Bier und auch bei Brot,
mit Eierkuchen zugedeckt
und eine Wurscht ins Maul gesteckt!"

(frei nach Max Heinzel)

Der Politiker

Antek: „Sag' mal, Franzek, was soll das eigentlich be-
         deuten, bei manchen Politikern steht immer hin-
         ter deren Namen MdL?"
Franzek: „Na, du dummer Kerl, das heißt Mitglied des
         Landtags."
Antek: „Da könnte ich auch was hinter meinen Namen
         setzen..."
Franzek: „Und das wäre?"
Antek: „MdO – Mitglied der Ortskrankenkasse!"

Schweineschlachten
als Entschuldigungsgrund

Daß mein Sohn, Paul Rosemann,
Die Schule nicht besuchen kann,
Weil wir Schweineschlachten han,
Das zeigt ganz ergebenst an,
Verwitwete Frau Rosemann.

Faad bleibt Faad

Tonla kommt von der Schule heim.

Fragt ihn der Vater: „Nu, Tonla, was habt ihr heute ge-lernt?"

„Der Lehrer hat gefragt, welche Tiere uns am besten ge-fallen, und da habe ich gesagt, das Faad. Da sagte der Leh-rer, das heißt nicht Faad, sondern Pferd. Dann zeigte er doas Vieh im Bilde, und da war's doch a Faad!"

(nach Hayduk)

Das Wurstbrot

Antek: „Warum schmeißt du denn dein Brot weg?"
Franzek: „Nu, weil Leberwurscht drauf ist!"
Antek: „Woher weißt du denn, daß Leberwurscht drauf ist?"
Franzek: „... hab' ich mir doch heute früh selber ge-macht!"

Mißverstandenes Gebet

Bei einem Dorffest soll das Maxla ein Tischgebet sprechen,
vor lauter Aufregung bringt er folgende Formulierung vor:
> „Komm', Herr Jesus,
> sei unser Gast – und –
> schau dir mal an,
> was du uns heute bescheret hast!"

(Kindermund)

Der Gemütsmensch

Der Gastwirt Braun ging eines Tages in seiner Stube auf
und ab und simulierte über verschiedene Dinge zwischen
Himmel und Erde. Da will der einzige Gast, der bei ihm
sitzt, zahlen.

Der Braun, der nickt bloß mit'm Koppe und ruft durchs
Fenster ei die Küche:

„Weib, kumm a mol! Dar Mann will zahlen. Ich ka jitz
kee Geld entgegennahma, iech ha grade de Hände ei der
Toscha."

Guten Appetit

In einem schlesischen Dorflokal bestellte sich ein Gast eine Portion Fisch.

Der Wirt stellte den Teller mit den Worten auf den Tisch:
„Es ist a wing a aaler Aal, assa Se'n ock a bissla flink, Se ver-
stänkern mer suste doas ganze Lokal."

Die Macht der Gewohnheit

Der kleine Hans geht schon drei Jahre in Breslau zur Schule und hat seit dieser Zeit immer den gleichen Lehrer.

Zuerst hat der darüber hinweggesehen, daß ihn die Kinder mit „Du" anredeten, will sie aber allmählich dazu bringen, daß sie „Sie" sagen. So sagt er eines Tages zu Hans:

„Schau, Hans, nun bist du schon so groß, und jetzt wird es Zeit, daß du allmählich ‚Sie' zu mir sagst."

Da sagt Hans, halb belustigt, halb bekümmert: „Lotschke, Lerge, wo wir uns doch schon so lange kennen."

Maniküre – Pediküre – Walküre

Einer vom Lande kommt nach Breslau. Dort wunderte er sich über manche Geschäfte, die es in seiner kleinen Stadt nicht gibt. So entdeckte er auch einen Schönheitssalon mit der Aufschrift:

„Maniküre" und „Pediküre".

Da er sich drunter nichts vorstellen konnte, ging er in den Laden und erfuhr von der Verkäuferin, daß man sich hier die Fingernägel und Zehennägel schneiden und pflegen lassen könne.

Als er ein bißchen später an der Oper vorbeiging, las er auf dem Theaterzettel

„Walküre".

Da sagte er zu seiner Frau: „Weeste, Pauline, hier geh ich nich erst fraga. Wer weeß, was se einem dort drinne wegschneida."

Mißverständnis

Als der Knörndl mit seiner Frau zum ersten Mal in die Breslauer Oper kam, fragte der Logenschließer:

„Wünschen Sie auch ein Textbuch?"

„Och nee, danke scheen", sagte der Knörndl, „ich und meine Frau, mir singa nich mitte."

Theaterbesuch

Antek trifft Franzek am Stammtisch:

Antek: „Hab' dich hier vermißt! Wo warst du gestern?"

Franzek: „Nu, im Theater!"

Antek: „Im Theater! Zu was?"

Franzek: „Zu 2 Mark fuffzig!"

Antek: „Pjeronnje, was für Stück?"

Franzek: „Ach so, nu zwei Markstücke und ein Fünfböhmer!"

Antek: „Du bist blöd! Ich will wissen, was die Schauspieler gegeben haben?"

Franzek: „Möcht ich glauben, die haben gar nichts gegeben."

Antek: „Ich will doch wissen, ob es schön war?"

Franzek: „Nu, wie ich nach Hause ging, hat es bissel geregnet!"

(Sammlung Richard Pawelitzki)

Gewissensfrage

Antek: „Wie gefällt dir in Ähe?"

Franzek: „Prima, meine Frau is ein Engel."

Antek: „Du Glicklicher, meine läbt noch!"

Die verflixten Fremdwörter

Hansjürgen Miersch muß als Zeuge vor dem Amtsrichter erscheinen:

„Wie heißt Ihr?"

„Ihch heeß Hansjürgen."

„Mit Vatersnamen?"

„Nu, mei Voater hieß groade su wie ihch."

„Na, wie denn also?"

„Nu, Miehrsch!"

„Wie alt?"

„Ihch gieh eis dreiensechzchste."

„Also zweiundsechzig?"

„Nu, 's wird wull su sein!"

„Welcher Konfession?"

„Eigentlich bin ich a Pauer . . ."

„Ihr verwechselt Konfession mit Profession, mein Lieber, ich meine, an was Ihr glaubt?"

„Ich meene, der Prozeß wird gut ausgeh'n." –

„Sie haben mich schon wieder falsch verstanden, ich meine, welcher Kirche gehören Sie an?" –

„Mir sein nach Kittel eingepfarrt!" . . .

„Anders gefragt, glaubt Ihr an Gott?"

„Natürlich glaube ich an unseren lieben Herrgott!"

„Glaubt Ihr an Christus?"

„Doas verschdieht sich!"

„Kennt Ihr Doktor Martin Luther?"

„Wen meenen Sie?"

„Doktor – Martin – Luther!"

„Nee hieren Se, dann kenn' ich nicht, wenn bei uns wer krank is, doh giehn wer immer ins Nachbardorf zur Kräuterfrau."

(frei nach Emil Borker,
nach einer plattdeutschen Anekdote)

Logische Reihenfolge

Der in Breslau geborene Philosoph Friedrich Ernst Daniel Schleiermacher erwiderte auf die Frage, warum seine Predigten immer so gut besucht seien, in folgender Weise:

„Meine Studenten kommen wegen mir, aber die vielen Frauen kommen wegen der Studenten, wegen der Frauen schließlich kommen die Offiziere – und so ist meine Kirche schnell gefüllt."

Anschauungsunterricht

„Die Anschauung ist das Fundament aller Erkenntnis", sagte ein schlesischer Schulinspektor zu einem Dorfschullehrer, den er inspizierte, und forderte ihn auf, ein Beispiel seines Anschauungsunterrichtes vor der Klasse vorzuführen.

Der Schulmeister tritt nach kurzem Überlegen vor die Kinder, macht ein recht betrübtes Gesicht und fragt schließlich:

„Sagt mir, was ich eben für ein Gesicht gezogen habe?"

„A siehr a trauriges", antwortete die Klasse, ohne lange zu überlegen.

Der Lehrer lobt die Schüler, zeigt dann ein lachendes Gesicht und will, daß die Kinder den Gegensatz herausfinden, und fragt, neckisch den Kopf bewegend:

„Und jetzt zeige ich was für ein Gesicht?"

„A siehr a tummes!" kommt blitzschnell die Antwort eines Schülers.

(nach Alfons Hayduk)

Das Brautexamen

Antek steht mit seiner Braut Seffla vor dem Pfarrer beim Brautexamen.

„Kinder, habt ihr euch auch würdig auf diesen großen Tag vorbereitet?"

„O ja, haben eine Sau geschlacht, drei Gänse, sieben Hühner und . . ."

„Nein, nein, ich meine natürlich geistig."

„Natierlich, das auch. Ein Faß Bier, zehn Flaschen Schnaps und Wein und so."

Logische Sache

Franzek kommt spät in der Nacht nach Hause, völlig betrunken.

Seine Frau: „Ich verstähe nich, Franzek, wie man sich so besaufen kann!"

Franzek: „Wenn du nischt davon verstähst, red nich drieber."

Fürsorge

Eines Abends trifft Antek den Franzek in der großen, sündigen Stadt Breslau.

Antek: „Wo gehstu, Franzek?"

Franzek: „Nu, zu neier Bekanntschaft, Antek. Anders wie Mädchen aus Schwientochlowitz."

Antek: „Du meine Güte, Franzek! Warum aber nimmst du mit Gebetbuch?"

Franzek: „Weistu, Antek, kann ja sein, daß ich bleib ieber Sonntag."

Brückenheiliger

Auf einer Brücke, die über das Beuthener Wasser führt, stauen sich die Menschen. Ein Mädchen ist ins Wasser gefallen. Niemand wagt, zur Rettung nachzuspringen. Plötzlich springt ein Mann ins Wasser, schlägt mit Armen und Beinen um sich, packt das Mädchen und kommt glücklich ans Ufer. Alles beglückwünscht den mutigen Retter. Da erkennt Franzek in dem Retter seinen Freund Antek.

„Antek, weistu, das hätt ich dir nich zugetraut. Soviel Kurasche. Allerhand Hochverachtung!"

„Hält die Frässe! Sag mir lieber, wär war där Pieron, der was mich hat von der Bricke ins Wasser gestoßen."

Übertrag

Franzek wurde aushilfsweise zu den Rentenzahlungen in Przelaika herangezogen. Pflichtbewußt versieht er stolz seinen Dienst hinter dem Schalter. Laut schallt seine Stimme:

„Kaczmarek! 20,– Mark."

„Hier."

„Rudzinski! 18,50 Mark."

„Hier."

So geht das weiter, bis die Seite herunter ist. Franzek blättert um und ruft dann mit schallender Stimme:

„Ibbertrag! 586,– Mark."

Keine Antwort. Franzek wiederholt mit lauter Stimme, als sich noch niemand meldet, meint er:

„Pierronje, immer die Leute, wo das meiste Geld kriegen, sind nicht da."

(Sammlung Richard Pawelitzki)

Erst der Stock

Der Josef Kaluga aus Schakanau fährt nach Gleiwitz, um sich einen Schirm zu kaufen. Er geht zu Barrasch, dem „größten Kaufhause am Platze". Dort erkundigt er sich bei einer Verkäuferin, wo er Schirme kaufen könne.

Die Verkäuferin, kurz, wie eben nur Verkäuferinnen sein können: „Erster Stock!"

Kaluga: „Ich will aber einen Schirm, keinen Stock!"

Verkäuferin: „Erster Stock!"

Kaluga: „Na dann gut, kauf ich erst den Stock und dann den Überzug."

Der Grüneberger Wein und die Tataren

(Schlesisches Lied)

Als vor vielen hundert Jahren
Nach Schlesien kamen die Tataren
Mit großem Rauben, Morden, Fluchen
Und Menschen fraßen wie Kirmeßkuchen,
Da ging ihnen endlich aus der Wein,
Den sie brachten in Schläuchen herein.
Sie schickten in dem Land umher,
Ob and'rer wo zu finden wär',
Und Grüneberger ward gebracht!
Und wie sie nun mit gut Bedacht
 Als Zecher einen Trunk getan,
 Da fiel sie solch Entsetzen an,
 Daß sie schleunigst mit Mann und Maus
 zogen zu dem Land hinaus.

(aus: Volkshumor, Stuttgart 1850, Verlag I. Schreible)

Prozeß gegen Fiskus

Antek trifft Franzek auf der Straße, Franzek sieht niedergeschlagen aus.
Antek: „Mensch, Pieron, was machst du fier Gesicht?"
Franzek: „Habe Prozeß verloren."
Antek: „Du hast Prozeß verlor'n, na gegen wen denn?"
Franzek: „Na, gegen Fiskus."
Antek: „Was du nicht sagst, gegen Fiskus? Ja lebt der immer noch? Auch mein Großvater hat Prozeß gehabt mit ihm."

Erschwerende Umstände

Antek hat Franzek lange nicht gesehen:
Antek: „Wo warst du gewesen die ganze Zeit?"
Franzek: „Nu, in Gefängnis!"
Antek: „In Gefängnis? Warum denn?"
Franzek: „Haben sie gesagt, hätte ich gestohlen."
Antek: „Du gestohlen? Was denn?"
Franzek: „Einen Strick!"
Antek: „Einen Strick? Und deshalb gleich ins Gefängnis?"
Franzek: „Ja, hing Kuh an dem Strick."

(Sammlung Richard Paweletzki)

Radfahrerei

Und sie hatten sich beide ein Fahrrad gekauft und machten eine Radtour. Wie sie auf Katzenkopfpflaster kommen, spricht Franzek zu Antek: „Antek, deinem Schutzblech klappert."

Antek: „Was sagst du, Franzek?"
Franzek: „Deinem Schutzblech klappert!"
Antek: „Kann ich dich nicht verstehn."
Franzek: „Pierronje, deinem Schutzblech klappert."
Antek: „Franzek, kann ich dich nicht verstehen. Meinem Schutzblech klappert."

(Herbert Kosyra)

Beamtenbestechung

Antek: „Wo bist du so lange gewesen?"
Franzek: „Im Gefängnis."
Antek: „Du im Gefängnis, wo du kannst kein Wässerchen trüben?"
Franzek: „Wegen Bestechung!"
Antek: „Du, wegen Bestechung?"
Franzek: „Ja, wegen Beamtenbestechung."
Antek: „Beamtenbestechung? Du armes Luder! Wie denn?"
Franzek: „Mit Messer!"

„Du sollst nicht ehebrechen!"

In der Klassenstube von Schlesisch-Falkenbach, in der alle Jahrgänge unterrichtet werden, ist ein lebhaftes Streitgespräch im Gange. Der Lehrer – vom guten alten Schlage – hat das sechste Gebot vorgelesen und forscht die Kinder aus, was das nun heißt: „Du sollst nicht ehebrechen!"

Da meldet sich nach einiger Zeit des Nachdenkens der kleine Franzel und meint treuherzig:

„Du sollst nicht ehebrechen, das heißt, also, wenn einer geheiratet hat, und er wollte eigentlich nicht und haut gleich wieder ab!"

(nach F. Hayduk)

Der Feind weiblicher Studenten

Um die Jahrhundertwende dozierte an der Universität zu Breslau der Geheimrat Professor Doktor Hasse in der Anatomie auf der Maxstraße.

Hasse war ein Feind weiblicher Medizinstudenten.

Die erste Studentin, Tochter des damaligen Oberbürgermeisters von Breslau, Klara B., hatte es deshalb nicht leicht bei ihm.

Wöchentlich einmal versammelte er die Hörer im Seziersaal zur Austeilung der Präparate (Leichenteile) um sich. Sie mußten im Laufe der nächsten Tage fein säuberlich seziert werden, damit Muskeln, Gefäße und Nervenstränge gut zergliedert zu sehen waren. Wenn es keine Arme, Beine, Köpfe mehr gab, dann entspann sich z. B. das folgende Frage- und Antwortspiel:

„Studiosus Meyer, hat Er schon ein Bein gehabt?" –

„Nein, Herr Geheimrat." –

„Und der Studiosus Müller, hat Er schon einen Arm gehabt?"

„Nein, Herr Geheimrat."

So ging es weiter, bis der Tisch leer war. Da fiel der Blick des Allmächtigen auf die Studentin.

„Und Sie, Studiosa B., haben Sie schon ein Kind gehabt?"

„Nein, Herr Geheimrat", antwortete sie errötend.

„Dann setzen Sie sich mit dem Anatomiediener in Verbindung."

(frei nach Waldemar Rumbaur)

Der Strick

Um die Jahrhundertwende kam ein Soldat zu einem abgelegenen Platz weit hinter den Schießständen der Garnisonstadt Neisse. Da vernahm er ein Stöhnen von einem Baum. Dort hing ein Mann!

„Ja, Mänsch, wos machen Sie denn dort oben uff'm Boome mit'm Strick?"

„Nu säh'n Se denn nich, ich häng mich hier uff!"

„Da missen Sie doch eine Schlinge machen und sich den Strick um den Hals legen."

Treuherzig blickte der Mann vom Baum herunter:

„Doos hoab ich scho längst versucht, mein Lieber! Aaber da hoa ich ieberhaup keene Lufft nich mehr gekriegt."

(nach A. Hayduk)

Sprüchla

Du fallst eim Laba (Leben)
ei a Dreck,
Vom Brute (Brot) leeft die Putter weg,
Das is bluß hinte – (heute)
aber murne (morgen)
Werd alles gutt,
bei Speck und – Kurne. – (einem Kornschnaps).

(Herrmann Breitner)

In Rapallo

Ein junges Mädchen will ein Autogramm von Gerhart Hauptmann – warum nicht? Er nimmt einen Bleistift und ist im Begriff zu schreiben . . . –

„Aber Sie sind es doch hoffentlich?"

„Wer soll ich denn sein?"

Das Mädchen zögernd:

„Sie sehen ihm wenigstens so ähnlich . . ."

„Na wem denn, bitte?"

„. . . aber wenn Sie es nicht sein sollten, dann entschuldigen Sie!"

„Wem sehe ich ähnlich? Wer soll ich nicht sein?!"

„Gerhart Hauptmann."

„Da haben Sie sich allerdings getäuscht, meine Dame."

„Das habe ich mir gleich gedacht . . . Meine Schwester ist schuld daran; sie hat sich mit mir einen Spaß machen wollen . . . Entschuldigen Sie!"

„Macht nichts, mein Kind."

(Gerhard Pohl, nacherzählt)

In der niederschlesischen Heide

Es war in den Sommertagen des unglückseligen Jahres 1945, als sich an einem Eisenbahnknotenpunkt inmitten der niederschlesischen Heide evakuierte Rheinländer auf ihrem Wege zurück in den Westen mit den Massen der zurückflutenden Ostarbeiter begegneten. In der großen Not waren damals auch Kindsaussetzungen keine Seltenheit.

An einem Abend hörte nun ein von seiner Arbeit heimkehrender deutscher Eisenbahner, als er an einem kleinen Wäldchen vorbeikam, ein klägliches Weinen. Diesem Wimmern nachgehend, fand er ein etwa halbjähriges Kind unter einem Baum liegend. Da weit und breit niemand zu sehen oder zu hören war, bestand schließlich kein Zweifel mehr an einer Kindsaussetzung.

Kurz entschlossen nahm der Eisenbahner das kleine Bündel unter seinen Arm, um das Würmchen zunächst einmal bei sich daheim unterzubringen. Dort gab es natürlich einige Aufregung. Vor allem rätselten die beiden sechs- und achtjährigen Töchter, ob dies nun ein deutsches, polnisches oder russisches Kind sei, bis eines der Mädchen die Lösung fand:

„Warten wir doch ab, bis das Kleine sprechen kann!"

(A. Hayduk)

Das Trinkgeld

Eine Kirchengemeinde in Oberschlesien erwartet den Bischof zur Firmung. Antek hat eine Idee, die seine stets leeren Taschen auffüllen soll:

„Du, Franzek, ich weiß, wie wir zu etwas Geld kommen. Paß auf, wenn der Bischof kommt, laufe ich an den Wagenschlag, reiße ihn auf, knie hin, und vielleicht habe ich Glück, daß mir der Bischof ein Trinkgeld gibt."

Der Bischof kommt, Antek stürzt durch die Menge, reißt die Wagentür seiner Exzellenz auf und kniet hin. Der Bischof bedankt sich und segnet Antek, indem er das Kreuz über ihm schlägt.

„Na, Antek, hat geklappt?"

„Klar!"

„Reicht's für uns beide?"

Antek schlägt ein Kreuz über Franzek, wie es der Bischof getan hat, und sagt:

„Für jeden die Hälfte." –

Hoher Kurswert für
Gerhart Hauptmann

Ein alter Berliner erzählte, in glücklicher Erinnerung schwelgend:

„Ick hab ihn ooch jekannt, den Hauptmann. Wir wollten'n Autojramm vom neuen Joethe. Wie ick's erjattert hatte, blieb ick stehn und guckte ihn jroß an."

„Was möchtest du noch, mein Sohn?" fragte er freundlich.

„Noch eens", sach ick frech wie Oskar.

„Willst du es deinem Schwesterlein mitbringen?"

„Nee, aber fier zwee Hauptmann-Autojrammer kriegt man eenen echten Schmeling-Maxe." –

Der Pieron

Stefan Gromulla aus Zaborze steht vor dem Richter, angeklagt wegen Beleidigung. Er habe den Kohlenschlepper Rochus Pazullik einen Pieron genannt. Aber das Gericht sieht in dem Wort nur eine landesübliche Bezeichnung und weist die Klage ab.

„Nu, wenn das is keine Beleidigung", sagt Rochus Pazullik zu dem hohen Gericht, „dann läbt wohl, ihr Pierons, alle miteinander."

Klare Antwort

„Warst du gestern in der Kirche?"
„Nee! Ich habe zu Hause geschlafen."

Kindermund

„Vatl, du siehst aus wie a Leewe."

„Du tumme Lerge, du hast doch noch nie a Leewen gesehen."

„Doch, Vatl."

„Wo denn da?"

„Na, unten vorm Milchwagen."

„Tummer Kerle, das is doch kee Leewe, das is doch a Esel."

„Genauso siehste aber aus, Vatl."

„Wieviel Uhr ist's, mein Junge?" fragt ein Sommergast einen kleinen Buben, der seine Kühe hütet.

„Nu so um zwölfe", antwortet der.

„Nicht mehr? Das hätt ich aber nicht gedacht."

„Bei uns isses nie mehr", antwortet der Kleine, „um eens fängt es immer wieder von vurne oan."

Der Lehrer fragt: „Sag mal, Karl, wer war der erste Mann?"

Der Erstklässler antwortet: „Adam."

„Richtig. Und wer war die erste Frau?"

„Seine Mutter."

Limerick auf schlesisch

Es gingen zwei Mädchen aus Schlesien
beim Oktoberfest auf der Theresien-
wiese gänzlich allein.
Ein Prinz lud sie ein.
Nun sind sie in Indonesien . . .

(Walter Meckauer)

Die Inschrift

Der Lehrer fragt seine Erstklässler: „Nu sagt mal, Kinder, könnt ihr zu Hause schon alles lesen? Was steht zum Beispiel auf so einer Kaffeetasse daheim?"

Paule sagt: „Dem lieben Papa."

„Und bei euch Fritzl?"

„Hauptbahnhof Breslau."

Höflichkeit

Eines Tages sollte ich der Nachbarin etwas ausrichten und blieb, bescheiden wie ich bin, an der Haustür stehn. Sie sagte:

„Trata Se doch näher, Herr Rössler!"

Ich sagte: „Nee, nee, lieber nicht. Ich hoa so dreckige Füße."

Da meinte sie: „Doas macht doch nischte, Herr Rössler, Sie hoan ju Schuhe oan."

(Hans Rössler)

Klare Antwort

Zwei Schneekoppentouristen fragten einen Bauern, der auf einer Wiese Gras mähte, wie lange sie noch bis zum Gipfel zu laufen hätten.

„Wenn Se sachte giehn", antwortete er, „dauert's nooch a Weile. Wenn Se aber schneller giehn, sein Se eher druba."

Beste Grüße

Der alte Bauer Werner lag im Sterben. Da sagte seine Tochter zu ihm:

„Vatta, wenn Ihr ein' a Himmel kummt, dann grießt ock die Mutta schien."

Er, mit letzter Kraft:

„Ju, ju, wenn ich sie wer derwischa."

Ob de Krotzbeer'n Beene honn?

„Du Mutter hier mich onn,
Weeßt du's viellechte,
Ob Krotzbeer'n Beene honn?"

„Ach Junge, halt blos an,
waren an den Beeren
etwa noch Beene dran?"

„Nu Mutter, es is verruckt,
Do hoa ich hald
een Mistkäfer verschluckt!"

(Queis-Willem)

Stammtischgespräch über das Rauchen

An einem schönen Sonntagnachmittag saßen so ein paar echte Schlesier an ihrem Stammtisch im Kretscham (Gasthaus) beisammen.

An der Wand befand sich eine Schmucktafel mit der Inschrift:

„Hie sitza die, die immer hie sitza."

Nach einiger Zeit bekamen sie Streit über die Schäden, die das Pfeifenrauchen verursachen würde. Da sagte der Buhl-Wilhelm:

„Mein Großvater ist schon achtzig Jahre alt, und er raucht noch jeden Tag sein Tabakspfeifchen."

Darauf der Hermann:

„Där wär vielleicht schon fünfundachtzig, wenn er nicht geraucht hätte!"

(frei nach Wilhelm Menzel)

Kirschkuchen

Eines schönen Tages war unser Freund Hermann wieder einmal in Breslau zu Besuch. Dort suchte er einen Bäcker auf, der Kirschkuchen im Laden hatte.

Heißhungrig verspeiste er gleich im Stehen die Hälfte dieses leckeren Gebäcks und sagte dann zu dem Bäkker:

„Jetzt hab' ich schon die Hälfte weg und noch immer keine einzige Kirsche gefunden!" –

Daraufhin der Bäcker schlagfertig:

„Nu, du tummer Kerle, hast du schon mal Hundekuchen gekauft und einen Hund drinnen gefunden?"

(frei nach Wilhelm Menzel)

Kindermund in Görlitz

„Haste schon mal 'ne Seele gesehn?"

„Ist das ein Engel im Himmel?"

„Ach wo! 'ne Seele hat doch keine Locken wie 'n Engel und keinen Stern auf'm Kopf, die Seele sitzt ganz drin in unserm Bauch."

„Äh, das is ja Quatsch! Im Bauch is doch keine Seele, da is doch Essen."

„Nu ja, Essen auch, und so lange Röhren, und furchtbar viel anderes noch, und die Seele eben auch!"

„Wenn der Bauch aber voll is?"

„Der is nich ganz voll. Zwischen den Röhren und dem Essen, da is immer noch viel Platz, da sitzt se."

„Mein Bauch is aber manchmal ganz voll."

„Ganz voll kannste ihn gar nich essen. Oben bleibt Luft. Da geht die Seele eben dort hin. Aber da muß se sich ganz klein machen . . . Da merkste se nich . . ."

„Mein Vater kann seine Seele trösten."

„Wie denn?"

„Nu, wenn er zu viel gegessen hat, und weil's der Seele doch dann im Bauch zu eng wird, sagt er immer, ich brauch jetzt einen Seelentröster, und dann trinkt er einen Schnaps."

(frei nach Suse von Hörner-Heinze)

Die List

Beim Gebauer-Bauer sollte ein Kalb kommen, aber es kam und kam nicht, die Zeit war schon lange rum, deshalb wurde der Nachbar geholt und ihm berichtet der Gebauer:

„Ich schlafe schon eine Woche in der Kälberbucht hinter der Kuh, und das Kalb will und will nicht kommen." –

„Nu, doo wird's kee Wunner sein, doaß die Kuh nee koalbt. Wenn sie dich durt hinna liega sitt, doo denkt sie jedesmool, sie hätt schun gekoalbt!"

Glatzer Geschichtla

Der Bauer Reinelt war in der Kreisstadt Besorgungen machen. Über Nacht hatte es gefroren, und auf einer vereisten Stelle glitt er aus und stürzte hin. Ein Stadtherr ging vorbei und sagte lächelnd: „Na, sehen Sie, das Eis ist doch stärker als Sie!"

„Nää", meint Reinelt, „doas stemmt nee, iech lich ju uuba!"

(nach Franz Hayduk)

Plumpel in der Sommerfrische

Der dicke Plumpel aus Breslau kommt in die Sommerfrische ins Riesengebirge.

Dort beklagt er sich bald bei der Bäuerin, daß ihn die vielen Fliegen in seiner Mittagsruhe stören.

Darauf erhält er die Antwort:

„Der gnädige Herr muß seine Mittagsruhe halt vor dem Essen machen, da sein nämlich die Fliegen alle in der Küche auf dem Kompott."

(frei nach Robert Sabel)

Frommer Wunsch im Testament

Von einer schlesischen Rittergutsbesitzerin wird berichtet, daß sie ein notarielles Testament hinterließ, worin dem Neffen zur Bedingung des Erhalts einer hohen Erbschaft aufgegeben wurde, sich jedes Jahr an ihrem Todestag einen Zahn ziehen zu lassen. Gefragt, warum dieser eigenwillige Wunsch aufgenommen wurde:

„Damit der Kerl wenigstens einmal im Jahr an meinem Todestag im echten Schmerz an mich denkt."

(A. Hayduk)

Aufklärung

In einer Gerichtsverhandlung fragt der Richter einen Angeklagten nach dem Familienstand. Auf die Antwort „verheiratet" folgt die Frage:

„Mit wem?"

„Mit einer Frau!" –

„Ja, wollen Se mich off'n Arm nehmen? Man ist immer mit einer Frau verheiratet." –

„Das stimmt aber nich, Härr Richtär, meine Schwester, die hat einen Mann."

(Horst Bias)

Verwechselung

Die Straßenbahn von Hirschberg nach Warmbrunn hat sich schon in Bewegung gesetzt, da kommt der Krause-Schuster mit einem deutlichen Schwips angerannt und will noch aufspringen, seine Frau zieht er am Arm hinter sich her:

„Hallo, Schaffner, warte doch noch a bissel, wir wollen noch mitfahren . . ."

Darauf der Schaffner:

„Mit dem Affa (Affen) kann ich dich nicht mittenahma!"

Darauf der Krause zu seiner Frau:

„Hoste gehiert (gehört), Aale, ar will dich nicht mittenahma."

Vollbremsung

In den zwanziger Jahren war das Autofahren noch ein Ereignis, man ließ sich gerne mitnehmen.

Ein schlesisches Bäuerlein war bei einem schneidigen Breslauer zugestiegen, dieser wollte ihm zeigen, was Sache ist.

Mit 60 Sachen landeten sie jedoch an einem Baum, und beide flogen auf den Acker neben der Straße.

Da meint das Bäuerlein, sich die Knochen reibend:

„Das Autofahren ist ja ganz schön, aber wie halten Sie denn an, wenn kein Baum in der Nähe steht?"

Das Rätsel

Du, Antek, ich weiß schönes Rätsel, paß' Obacht:

„Is sich weiß, hat zwei Stick großer, langer Beine, ganz spitzern roten Frässe . . ."

„O, da weiß ich ja schont", platzt der Antek dazwischen.

„Bin ja noch nicht fertik – ganz spitzem Frässe und . . . bällt."

„Nu verrickt, hättst du nicht gesagt: und bällt, da hätt ich gleich gewuußt."

„Nu du tummer, das Storch."

„Da bällt doch nicht."

„Nu wollt ich dem Rätsel bloß bissl schwärer machen."

Vorsicht Dynamit

„No, Antek, was is dir denn über die Lebär gelaufen? Machst ja so ein demliches Gesicht."

Auf dem Wege zur Grube sprach dies Franzek zu seinem Kumpel.

„Ach, soll ich mich nicht ärgern", schnauzte Antek, „ohne Kaffee zur Schicht gehen – der verflixte Ofen zu Hause qualmt wie verrückt. Nichts kann die Frau kochen."

„Bistu aber dumm, Antek."

„Haste etwas Dynamit unter Tage? Bring eine Patrone nach Haus, steck in Ofen, zünd an und wirste sehn, wie aller Ruß zum Schornstein rausfliegen wird und der Ofen brennt."

„Meinstu?"

„Versuch doch mal . . ."

Nach acht Tagen: „No, Antek, brennt der Ofen?"

„Weiß nich, wir wohn' dort nich mehr."

Der Völkerbund in Bolatitz

In eine oberschlesische Schule kommt in den zwanziger Jahren ein polnischer Schulmeister aus Krakau zur Inspektion, um zu prüfen, inwieweit die Kinder inzwischen die polnische Sprache beherrschen. –

Zunächst fragt er:

„Wie heißt euer Dorfpfarrer?" –

Nach langem Schweigen der Klasse meldet sich Frantisek: „Unser Pfarrer heißt ‚Hochwürden'!"

Nach diesem Fehlschlag nimmt sich jetzt der Führer der Kommission, ein Schweizer, ein Herz und legt freundlich einem Knaben die Hand auf die Schulter und fragt in deutscher Sprache:

„Sag mir mal, mein lieber Junge, wie heißt du denn?"

„Ich heiße Robert Baschista."

„Robert Baschista heißt du, so, so, ein schöner Name. Robert. Was hast du denn heute Schönes gefrühstückt?"

„Ich habe heute *Plazek* gefrühstückt."

Der Schweizer dreht sich zu den anderen Herren um und fragt, ob jemand wisse, was ein Plazek sei.

Ein Pole beeilt sich zu erklären, Plazek sei eine Art Brotersatz, bestehend aus Mehl, Wasser und Salz.

„Robert . . ., mein guter Junge, sag mir, wie ist das bei euch, wenn die Mutter *Plazek* gebacken hat?"

„Wenn die Mutter den Plazek gebacken hat, dann wird er aufgegessen."

Auch diese Antwort erschien dem Schweizer nicht ausreichend. Er war der festen Überzeugung, daß die Mutter dem Robertel dann noch etwas Liebes dazu sagt, vielleicht sogar auf polnisch?

„Ich könnte mir vorstellen, daß deine Mutter dir noch einen Kuß gibt, damit du auch wirklich den Plazek ißt."

„Meine Mutter gibt mir keinen Kuß, damit ich essen tu, aber manchmal, da . . ."

„Nu Robertel, siehst du, jetzt fällt es dir ein!"

„Manchmal, da sagt die Mutter, Robertlik, da hast du den Plazek . . ."

„Mehr sagt sie nicht?" –

„Mehr sagt sie nicht!" –

„Wird denn bei euch kein Wort polnisch gesprochen?"

„Doch ja, wenn der Vater die Mutter verhaut, dann spricht er polnisch!" –

„Nun, raus mit der Sprache!"

„Dann sagt der Vater: ‚Ty stara krapeko, trizki ae spéra!'"

„Und was heißt das auf deutsch?"

„Du alte Hexe, verdammte!" –

(frei nach August Scholtis)

Der böse Robert

In Salzbrunn lebte bis vor drei Jahrzehnten ein uralter Mann, der hatte noch Hauptmanns Eltern gekannt.

Als einmal die Rede auf den Dichter kam, seufzte der Greis: „Ach, nee! meine Heeren, hörn se mer off mit de Hauptmanns! Wenn dem Gerhart sein Vater, der Robert, und er täte a wing besser gewirtschaftet ham, da hätte er nicht den scheenen Gasthof, die ‚Preußische Krone‘, aufgeben müssen. Sein Gerhart brauchte dann auch nicht andauernd Stücke schreiben."

Ein merkwürdiger Patient

Dr. Wimmer geht, wie immer,
abends nochmal durch sämtliche Zimmer
und sieht, – er traut seinen Augen kaum! –
da sitzt doch in seinem Warteraum
ein ihm fremder Patient
und pennt!
In einen Klubsessel gedrückt
ist er selig eingenickt
und erschrickt,
als er plötzlich nun entdeckt wird
und geweckt wird:
„Nanu! – Seit wann sind Sie denn hier?
Wie? Was? Seit Nachmittag um vier?
Wissen Sie, wie spät es jetzt ist? Acht!"
Der Doktor schüttelt den Kopf und lacht
und öffnet endlich die Sprechzimmertüre:
Was den Herrn also zu ihm führe? –
„Ich hab mir immer schon vorgenommen",
sagt der Patient, „mal zu ihnen zu kommen,
Ich leide nämlich seit längerer Zeit
an entsetzlicher Schlaflosigkeit!"

(Hans Rössler)

Dar Tracha

Derr Voater schimpft: „Woas sul ma macha,
Heut kimmt die Tante uff Besuch, dar ale Tracha.
Doo mächt ma wieder freindlich sein,
Die koan getruust derheeme blein."

Is Fritzla ei derr Ecke sitzt,
Die Uhrn gespitzt.
Is Fritzla jedes Woart vernimmt, –
Die Tante kimmt.
Derr Voater gieht,
„Nu, Tantla", spricht a, „bies willkumma!"
Die Tante, die hoot Ploatz genumma.
Is Fritzla naberm Stuhle stieht,
„Du, Tante", sprichts jitz, „konnst du fliega?"
Die Tante scheint 'n Schreck zu kriega,
„Wiesu denn?" spricht se. „Nee, mei Kind."
Is Fritzla sich awing besinnt,
Uff eemoll scheint sichs Mutt zu macha:
„Derr Voater hoot gesoat, du bist a Tracha!"

(Ernst Schenke)

Hunger ist der beste Koch

Im Gästebuch der Prinz-Heinrich-Baude war dazu vermerkt:

„Wer auf diese Höhe kroch
findet keinen Apfel sauer;
Hunger ist der beste Koch,
und der Durst der beste Brauer."

Winterfreuden

Willi läuft Schlittschuh. Plötzlich bricht das Eis, und Willi steht bis zum Hals im Wasser. Er schreit und schreit um Hilfe. Gemächlich kommt ein Mann an und fragt:

„Sie sind wohl hier Schlittschuh gelaufen?"

„I woo!" bibbert Willi vor Kälte, „ich habe nur ein Bad genommen, unterdes ist der Teich zugefroren!"

Der „Fliegende Trebnitzer"

Alle Breslauer kannten ihn – den „Fliegenden Trebnitzer". Die alte Bimmelbahn nämlich, die vom Benderplatz aus zunächst auf den Straßenbahnschienen entlangschnaufte, auf der Gröschelbrücke mit puffendem Gefauche die Wagenpferde zum Durchgehen animierte, um sich dann nach Rosenthal hin quietschend in die kühne Kurve zu stürzen.

Auf einer der kleinen Haltestationen pflegte täglich mit seiner Ledertasche ein Briefträger einzusteigen, der auch im Nachbardorfe die Post auszutragen hatte.

Eines Tages sah der Lokomotivführer den Briefträger am Zuge entlanglaufen. Doch diesmal stieg er nicht ein, sondern schickte sich an, zu Fuß auf der Landstraße loszumarschieren.

„Na Koarle", rief der Lokführer, – „fährste nich mitte?"

Da winkte der Postbote ab:

„Nee, heute gieht's nich. Heute muß ich loofen. Ich hab' een Eilbrief!" –

Die verwandelte Maus

In der vorweihnachtlichen Zeit standen an den Ringseiten in Breslau lange Reihen von fliegenden Händlern, die preisend mit viel schönen Reden Lametta, Lichthalter und allerlei Kram anboten. Ein Mann verkaufte Kinderspielzeug, er ließ kleine graue Mäuse aus Blech an einem Faden übers Pflaster flitzen.

Da geschah ein Unglück: Ein Auto kam dicht am Bordstein entlanggebraust, der Mann verpaßte es mit dem Zurückziehen seiner Blechmaus – ein knirschendes Geräusch, und an dem Faden baumelte nur noch ein breitgeklatschtes Gebilde.

„Was mach ich nu mit meener Maus?"

Darauf eine wohlmeinende Stimme aus dem Publikum:

„Nu, Lerge – da verkauf se doch als Flunda!"

(Pit)

Auf der Liebesinsel

Die „Liebesinsel" bei Breslau, dieses von der Oder und dem Ottwitzer Schleusenkanal gebildete landschaftliche Paradies, ruhig abgeschieden – so etwa im Stile eines Böcklinschen Gemäldes, war ein beliebtes Badeziel.

Man fuhr mit dem Dampfer nach Wilhelmshafen, ließ sich übersetzen und – befand sich inmitten eines unbeschreiblichen Getümmels von schimpfenden Müttern, pläkenden Kindern, skatkloppenden Vätern, Harmonikagedudel, Wassergeplansche. Von Böcklin keine Spur.

Einigermaßen erschüttert fragte einst ein Besucher, eine hochbeinige Schöne, die da am Gestade stand:

„Sagen Sie mal – weshalb heißt das hier eigentlich Liebesinsel?"

Darauf die höchst sachliche Auskunft:

„Ja, wissense – dazu missense sich schunt a Zält anschoaffen!"

(Pit)

Kurz und bündig

Das war letzthien,
Da wullt iech giehn
Uff Poppelwitz.
Ich fand nich hien.
Da kam a Mann,
Den sproach iech an:
Kinna Se merr nich a Weg
uff Poppelwitz san?
Der Mann blieb stiehn.
Und zeigt' merrsch glei mit
seiner Krücke:
Da giehn Se erschtens hie das Stücke,
Dernach giehn Se noch a Stücke,
Dann kommt ne Brücke,
Über die Brücke giehn Se drüber,
Drüba giehn Se a Stückla nümm
Und biega üm.
Glei an der Ecke,
Da hoot's ne Hecke
Und hinter dar Hecke hat's a Haus,
Da is om besta, Sie weicha aus
Und giehn lang naus . . .
Und, wenn Se und sein durt naus,
Da kumma Se wieder an a Haus –
Dann kumma Berka (Birken)
Die müssa Sie sich merka –,
Hinter dan Berka giehn Sie quar (quer)
Do wachsa Eecha (Eichen)
Om Wäge har,
Die bis nunder uff Hausdurf reecha.
Dann giehn Se bluß noch a paarmoll schräge,
Da sein Se glei uff'm richtiga Wäge,
Da giehn Se bluß noch nüber izt,
Und da sein Se schunt ei Poppelwitz.

(Ernst Schenke)

Neugebauer im Himmel

Eines Abends begegnete der Pastor dem alten Neugebauer, der zeitlebens zwar ein fleißiger Mann, aber doch ein weniger fleißiger Kirchgänger gewesen war.

Er saß beschaulich auf der Bank vor seinem Häuschen in der Sonne.

Teilnehmend und mahnend zugleich brachte der Pastor bald das Gespräch darauf, ob es nicht wegen dieser seiner Haltung gegen den Herrgott bei einem möglichen Heimgange vielleicht einige Schwierigkeiten geben könne.

Da erhält er die ganz zuversichtliche Antwort:

„Nee, nee, Herr Paster, doas is ju nich asu. Wann und iech war ei a Himmel kumma, doo werd dar Petrus sprecha: Du wirst ja schwere Arbeit gewöhnt sein, du kannst Wolken schieben!"

Das Examen

Ein Professor möchte im Examen einem Studenten auf die Beine helfen und definiert ihm den Begriff „Ehebruch".

„Ich sehe an ihrem Ring, daß Sie verlobt sind. Nehmen wir also an, ich beginne mit Ihrer Braut ein Verhältnis. Liegt in diesem Falle Ehebruch vor?" –

„Ja…", druckst der Student nach einiger Überlegung hervor.

„Aber lieber Mann, wo soll denn da Ehebruch herkommen, Sie sind ja gar nicht verheiratet!" –

„Aber Sie!" platzte der Kandidat heraus.

Die Graupe

Ein Fremder kommt nach Breslau und fragt auf der Gartenstraße einen Breslauer, wie er zur Gerichtsstraße zu gehen hätte.

Der Breslauer: „Ham wa nich, wo wullnse denn da hin?"

Der Fremde: „Natürlich zum Gericht."

Darauf antwortet der Breslauer: „Da gehnse mal die Gartenstraße lang übern Sonnenplatz uff die Graupenstraße, da is es."

Da sagt der Auswärtige: „Das ist aber komisch, in jeder anderen Stadt heißt die Straße, wo sich das Gericht befindet, Gerichtsstraße."

Worauf der Breslauer entrüstet sagt: „Na Mensch, is denn Graupe keen Gericht?"

Frommer Wunsch

Dem Fuhrich-Müller ist seine liebe Frau, „die gute Seele", verstorben. Bald danach sucht er den Weiser-Tischler auf, der für die Einsargung zuständig ist.

Bei ihm erkundigt er sich nach einem passenden Text für die Kranzschleife.

Er erhält folgenden Ratschlag:

Auf die eine Seite setzen die meisten
                    „Ruhe sanft!"
Und auf die andere
                    „Auf Wiedersehen!"

Da kratzt der Fuhrich sich om Kuppe, und druckst und zieht en breeten Flunsch:

„Herr Meester, doas ‚Auf Wiedersehen' –
doas loan Se bitte bleiben,
und tun Se lieber ‚Ruhe sanft!'
uff alle beede Seita schreiben!" –

(nach Robert Sabel)

Wer nichts erheiratet und nichts ererbt,
der bleibt ein armes Luder, bis er sterbt.

(Sprichwort)

Hans und Pauline

So rot und so rund,
Als wie a Radiesel,
So schmuck und so schiene,
Is Nuppersch Pauline!
Sie möchte als Mann
Vielleicht mich gar han'?
Doch bin ich ihr blos,
Ich weiß nicht warum,
Nich' etwa zu groß,
Nein, blußig – zu tumm! –

(Max Heinzel)

Verfaulte Eier

In den Korb is Stroh geschittet,
weil die Chenne drinnen brittet.
Nach parr Wochen eendet das,
aus dem Britten wurde was.

Der beste Freund

Antek steht auf Kirchenplatz
Sonntag früh um zehne,
sieht er seitwärts seine Leene,
wo poussiert mit andern Schatz –
Wietend geht er in die Messe,
Weil befiehlt ja Sonntagspflicht,
aber still er bei sich spricht,
Nachher hau ich ihm bei Fresse!

Jedem das Seine

Der Bauer vom Lande hatte wieder einmal gut gegessen
und steckte sich danach gemütlich sein „Pfeifla" in Brand
mit den Worten:
    „A Pfeifla mit nem guda Knaster (Kraut),
    des schmeckt wohl gar verdammicht gutt!" –
Das hörte seine Karline in der Küche und erwiderte:
    „Und was habe ich davon?"
Da sprach der Vater voll Verachtung:
    „Du tumme Gaake (Gans), du machst dich wirklich
lächerlich, du hast doch hinter jedem Assa (Essen) den Rie-
senaufwasch ganz für dich!"

(frei nach Georg Hartmann)

Grabspruch

Der Ort Stonsdorf in der Nähe von Warmbrunn im Riesengebirge wurde durch seinen wohlschmeckenden Kräuterlikör weltbekannt. Seitdem gibt es dort bei jedem Todesfall den doppelsinnigen Ausspruch des Pfarrers:
„Und wieder hat Gott der Herr
einen Stonsdorfer zu sich genommen!"

Kirmesgebet

Du lieber Gott,
ich wünsch' sonst nischt
in diesen Tagen,
wie ein Gebiß vom Löwen mir,
und vom Elefant den Magen.

(frei nach Robert Sabel)

Schlesische Redensarten

Die Hauptsache is, man hat gesunde Beene (Beine), da
kann man der Arbeit aus dem Wege gehn'.
*
Wenn's Gott will, daß dein Haus abbrennt, trags mit
Geduld – und wärm' dich dran.
*
Wenn ich keine Schulden hätte,
da hätt' ich überhaupt nischt.
*
Nur nicht verzagen, solange noch Klößel im Toppe sind.
*

Wer kann, hält sich einen Hund,
wer nicht kann, bellt selber.

*

Wer die Wahrheit geigt,
dem schlägt der Fiedelbogen um den Kopf.

*

Seit das Sterben aufgekommen ist,
ist man seines Lebens nicht mehr sicher!

*

Wenn Tumheet weh' täte,
gäb's überall Geschrei.

*

Wer früh aufsteht, der frißt sich arm.
Wer lange liegen bleibt, dem bleibt's Bette lange warm.

*

Lieber a wing (etwas) gutt, dafür a bissla länger.

*

Wenn ich gewußt hätte, daß Wasser gut gegen Durst ist,
dann hätt' ich meine Mühle heute noch.

*

Im ganzen Dorfe ist's nirgends so schön,
wie frühmorgens im Bette.

*

Das tümmste Vieh schreit am lautesten.

*

Geborgtes Schwein grunzt das ganze Jahr.

*

Am glücklichsten sein die,
die entweder alles –
oder garnischt wissa!

(gesammelt vom Menzel-Wilhelm)

Die Speisekarte von Antek und Franzek aus Oberschlesien

Die ganze Woche lebten wir auf billig –
Montag gibt es Kälberzäh'n mit
    Schlickermilch.
Dienstag: viel Kartoffli aus dem Keller,
Flaki oder Zur im tiefen Teller!
Mittwoch etwas für die Atemlust:
Metzno Kren mit Rinderbrust.
Donnerstag gab's Schweinebraten,
Polkski Klußki und im Kraut die
    Schwarten.
Freitag: Schledsch mit sehr viel Zwiebel,
Das erlöst wir sind vom Übel.
Samstag, weil es schnell geh'n must ja,
Fetten Krupnio mit Kapusta.
Sonntags wurde nicht gespart:
Braten gab es, fein und zart,
Braten gab's in jedem Falle –
War's der Kokott oder nur der Krulik
    aus dem Stalla.

(Alfons Hayduk)

Epilog

Wer dieses Buch gelesen hat,
und fand drin nichts zum Lachen,
dem rät der Berggeist Rübezahl,
er soll's doch besser machen!

(A. B.)

Autoren- und Quellenangaben

Albrecht Baehr: *Schlesisches Lachen,* Aufstieg-Verlag, München 1963, *Schlesien, wie es lachte,* Weidlich-Verlag, Frankfurt 1975

Hermann Bauch (1856–1924): *Sieben Packsla schläsche Sacha,* Gräfe und Unzer-Verlag, München 1966. *Huch de Schläsing,* Franz Gaerlich-Verlag, Breslau o. J. *Schläsisch ihs Trumpf*, Gaerlich-Verlag, Breslau 1906

Otto Julius Bierbaum (1865–1910): *Geliebtes Breslau,* Gräfe und Unzer-Verlag, München 1966

Joseph von Eichendorff (1788–1857): *Gesammelte Werke,* Propyläen-Verlag, Berlin 1936

Andreas Gryphius (1616–1664): Erstdruck 1654. Werkregister I/65 und II/33

Georg Hartmann (Zeitgenosse): *Derheeme,* Grafschaft Glatzer Buchring, 1955, *Quetschkartoffeln und Puttermilch,* Eichendorff-Gilde, Eichstätt/Bayern o. J.

Alfons Hayduk (1900–1972): *Hausbuch des schlesischen Humors,* Gräfe und Unzer-Verlag, München, o. J.

Max Heinzel (1833–1889): *A schläsches Pukettel,* L. Haege-Verlag, Schweidnitz 1902

Rudolph Hillebrandt, genannt PIT (Zeitgenosse). Die Texte wurden mitgeteilt von seiner Tochter Gabi Glaeser (USA)

Friederike Kempner (1836–1904): *Der Schlesische Schwan, Sie wissen, was ich meine,* (Nachdruck von 1887) Büchergilde Frankfurt a. M., Olten Wien 1982

Ludwig-Manfred Lommel (schles. Humorist, 1891–1962), Szene überreicht am 20. 3. 62 vom Autor, Sammlung Baehr

Walter Meckauer: *Hausbuch des schlesischen Humors,* Gräfe und Unzer-Verlag, München, o. J.

Wilhelm Menzel (1898–1980): *A Packsla schläsche Sacha,* Gräfe und Unzer Verlag, München, o. J., *A neues Packsla schläsche Sacha,* Gräfe und Unzer-Verlag, München, o. J., *Schlesische Guckkasten,* Grenzland-Verlag, Wolfenbüttel 1964, *Hausbacken Brut,* Grenzland-Verlag, Wolfenbüttel 1963

Will Erich Peukert (1895–1969): *Schlesisch,* Bergstadtverlag Wilh. Gottlieb Korn, München 1962

Gerhard Pohl (1902–1966): *Hausbuch des schlesischen Humors,* Gräfe und Unzer-Verlag, München, o. J.

Richard Pawelitzki (Zeitgenosse): *Allerlei Fröhliches aus Oberschlesien,* Verlag Unser Weg, Ulm/Donau 1957

Hans Rössler (Zeitgenosse): *Schläsisch ihs mer angeboarn,* Gräfe und Unzer-Verlag, München, o. J., *Heemte, guldne Heemte,* Bergstadtverlag Wilh. Gottlieb Korn, München 1960, *Hans-Rößler Buch,* Selbstverlag, 1954

Robert Sabel (1860–1911): *Wull gespeißan,* L. Haege-Verlag, Schweidnitz, *Lach bir a wing,* L. Haege-Verlag, Schweidnitz

Ernst Schenke (1896–1982): *Das heitere Ernst Schenke-Buch,* Kamm-weg-Verlag, Troisdorf, 1958, *Schlesische Gedichte,* L. Haege-Verlag, 1938

Erich Spaethe: *Breslau und Schlesien, wie es nicht jeder kennt,* Breslauer Verlagsdruckerei, 1934

August Scholtis (1901–1969): *Der Völkerbund in Bolatitz,* Manuskript-Sammlung Baehr

Schlesien im HUSUM TASCHENBUCH

Anekdoten aus Schlesien
Mit 30 Anekdoten um Gerhart Hauptmann
Gesammelt und erzählt von Gerhard Eckert
2. Aufl., 93 Seiten, broschiert

Schlesische Kinderreime
Hrsg. von Irene Flemming
2. Aufl., 95 Seiten, broschiert

Kindheitserinnerungen aus Schlesien
Hrsg. von Gundel Paulsen
3. Aufl., 142 Seiten, broschiert

Lieber gutt gelebt und dafür länger
Schlesische Redensarten
Hrsg. von Barbara Suchner
212 Seiten, broschiert

Karl Paetow
Rübezahl – Sagen und Legenden
Mit Illustrationen von Hans Happ
4. Aufl., 127 Seiten, broschiert

Sagen aus Schlesien
Hrsg. von Oskar Kobel
3. Aufl., 96 Seiten, broschiert

Schlesien im Gedicht
Vom Barock zur Neuzeit – 125 Gedichte aus 400 Jahren
Hrsg. von Albrecht Baehr
126 Seiten, broschiert

Weihnachtsgeschichten aus Oberschlesien
Hrsg. von Gundel Paulsen
6. Aufl., 118 Seiten, broschiert

Weihnachtsgeschichten aus Schlesien
Hrsg. von Gundel Paulsen
10. Aufl., 127 Seiten, broschiert

HUSUM DRUCK- UND VERLAGSGESELLSCHAFT
Postfach 1480 · D-25804 Husum

Regionalia im HUSUM TASCHENBUCH

Anekdoten aus Baden-Württemberg · aus Bayern · aus Berlin · aus Brandenburg · aus Hamburg · aus Hessen · aus Mecklenburg-Vorpommern · aus Niedersachsen · aus Ostpreußen · aus Pommern · aus Sachsen · aus Sachsen-Anhalt · aus Schlesien · aus Schleswig-Holstein 1 · aus Schleswig-Holstein 2 · aus Thüringen · vom Militär – **Entdecken und erleben (Reiseführer):** Mecklenburg-Vorpommerns Kunst · Niedersachsens Kunst · Niedersachsens Literatur · Ostpreußens Literatur · Schleswig-Holsteins Geschichte · Schleswig-Holsteins Kunst · Schleswig-Holsteins Literatur – **Im Gedicht:** Berlin · Niedersachsen · Schleswig-Holstein – **Humor** aus Schlesien – Schlesische **Kinderreime** – **Kinder- und Jugendspiele** aus Schleswig-Holstein 1 · aus Schleswig-Holstein 2 · aus Schleswig-Holstein 3 · aus Westfalen – **Kindheitserinnerungen** aus Berlin · aus Hamburg · aus Köln · vom Niederrhein · aus Oberschlesien · aus Ostpreußen · aus Pommern · aus Sachsen · aus Schlesien · aus Schleswig-Holstein · aus Westfalen – **Komponisten** aus Schleswig-Holstein – **Krippengeschichten** aus Deutschland – **Legenden** der kanadischen Indianer · aus Westfalen – **Lügengeschichten** aus Schleswig-Holstein – **Märchen** aus Baden-Württemberg · aus Mecklenburg · aus Niedersachsen · aus Schleswig-Holstein · aus Westfalen – **Redensarten** aus Hessen – **Aus dem Sagenschatz** der Brandenburger und Schlesier · der Franken · der Hessen · der Niedersachsen und Westfalen · der Österreicher · der Ostpreußen und Pommern · der Sachsen · der Schleswig-Holsteiner und Mecklenburger · der Schwaben · der Thüringer – **Volkssagen** aus Niedersachsen – **Sagen** aus Baden-Württemberg · aus Franken · aus Hamburg · aus Mecklenburg · aus Sachsen · aus Schlesien · aus Schleswig-Holstein · aus Südtirol · aus Westfalen – **Schulerinnerungen** aus Franken · aus Hamburg · aus Mecklenburg · aus Niedersachsen · aus Ostpreußen · aus Schleswig-Holstein – **Schwänke** aus Bayern · aus Franken · aus Niedersachsen · aus Schleswig-Holstein · aus Schwaben · aus Westfalen – **Sprichwörter** aus Hessen – **Sprichwörter und Redensarten** aus Mecklenburg · aus Schleswig-Holstein – **Plattdeutsche Sprichwörter** aus Niedersachsen – **Weihnachtsgeschichten** aus Baden · aus Bayern · aus Berlin · aus Brandenburg · aus Bremen · aus Franken · aus Hamburg · aus Hessen · aus Köln · aus Mecklenburg · aus München · vom Niederrhein · aus Niedersachsen · aus Oberschlesien · aus Ostpreußen · aus Pommern · aus dem Rheinland und der Pfalz · aus Sachsen · aus Sachsen-Anhalt · aus Schlesien · aus Schleswig-Holstein 1 · aus Schleswig-Holstein 2 · aus Schwaben · aus dem Sudetenland · aus Thüringen · aus Westfalen · aus Württemberg – **Weihnachtsmärchen und Weihnachtssagen** aus Schleswig-Holstein – **Witze** aus Hamburg · aus Mecklenburg · aus Ostpreußen · aus Pommern · aus Sachsen · aus Schleswig-Holstein

HUSUM HUSUM DRUCK- UND VERLAGSGESELLSCHAFT
Postfach 1480 · D-25804 Husum